FORJA

JOSEMARÍA ESCRIVÁ DE BALAGUER

FORJA

19.ª edición

EDICIONES RIALP
MADRID

© 1987 *by* Scriptor S. A. (Madrid)
EDICIONES RIALP, S. A.,
Manuel Uribe 13-15, 28033 Madrid
(www.rialp.com)

ISBN: 978-84-321-6648-8
Depósito legal: M-34090-2023

Impreso en España   *Printed in Spain*

Anzos, S. L. - Fuenlabrada (Madrid)

ÍNDICE

EL AUTOR

San Josemaría Escrivá de Balaguer nació en Barbastro (Huesca, España) el 9 de enero de 1902. En 1918 inició los estudios eclesiásticos en el Seminario de Logroño, y los prosiguió a partir de 1920 en el de S. Francisco de Paula de Zaragoza. Entre 1923 y 1927 estudió, además, Derecho Civil en la Universidad de Zaragoza. Recibió la ordenación sacerdotal el 28 de marzo de 1925. Inició su ministerio en la parroquia de Perdiguera –diócesis de Zaragoza–, y lo continuó luego en Zaragoza.

En la primavera de 1927 se trasladó a Madrid, donde desarrolló una amplia labor sacerdotal en todos los ambientes, dedicando también su atención a pobres y desvalidos de los barrios extremos, y en especial a los incurables y moribundos de los hospitales. Se hizo cargo de la capellanía del Patronato de Enfermos, labor asistencial de las Damas Apostólicas del Sagrado Corazón, y fue profesor en una Academia universitaria, a la vez que continuaba los estudios de los cursos de doctorado en Derecho Civil.

El 2 de octubre de 1928, el Señor le hizo ver el Opus Dei (Obra de Dios). El 14 de febrero de 1930 comprendió —por inspiración divina— que debía extender el apostolado del Opus Dei también entre las mujeres. Se abría así en la Iglesia un nuevo camino, dirigido a promover, entre personas de todas las clases sociales, la búsqueda de la santidad y el ejercicio del apostolado, mediante la santificación del trabajo ordinario, en medio del mundo. El 14 de febrero de 1943 fundó la Sociedad Sacerdotal de la Santa Cruz, inseparablemente unida al Opus Dei, que, además de permitir la ordenación sacerdotal de miembros laicos del Opus Dei y su incardinación al servicio de la Obra, más adelante permitiría también a los sacerdotes incardinados en las diócesis compartir la espiritualidad y la ascética del Opus Dei, buscando la santidad en el ejercicio de los deberes ministeriales, y dependiendo exclusivamente del respectivo Ordinario. El Opus Dei fue erigido en Prelatura personal por san Juan Pablo II el 28 de noviembre de 1982: era la forma jurídica prevista y deseada por san Josemaría Escrivá.

En 1946 fijó su residencia en Roma, donde permaneció hasta el final de su vida. Desde allí, estimuló y guio la difusión del Opus Dei en todo el mundo, prodigando todas sus energías para dar a los hombres y mujeres de la Obra y a muchas otras personas una sólida formación doctrinal, ascética y apostólica. A la muerte de su Fundador, el Opus Dei contaba con más de 60 000 miembros de 80 nacionalidades.

San Josemaría Escrivá falleció el 26 de junio de 1975. Desde hacía años, ofrecía a Dios su vida por la Iglesia y por el Papa. Su cuerpo reposa en el altar de la iglesia prelaticia de Santa María de la Paz, en la sede central de la Prelatura del Opus Dei. La fama de santidad de que el Fundador del Opus Dei ya gozó en vida se ha ido extendiendo, después de su muerte, por todos los rincones de la tierra, como ponen de manifiesto los abundantes testimonios de favores espirituales y materiales que se atribuyen a su intercesión; entre ellos, algunas curaciones médicamente inexplicables. San Juan Pablo II canonizó a Josemaría Escrivá el 6 de octubre de 2002.

Entre sus escritos publicados se cuentan, además del estudio teológico jurídico *La Abadesa de las Huelgas*, libros de espiritualidad que han sido traducidos a numerosos idiomas: *Camino, Santo Rosario, Es Cristo que pasa, Amigos de Dios, Vía Crucis, Surco* y *Forja*. Recogiendo algunas de las entrevistas concedidas a la prensa se ha publicado el libro *Conversaciones con Mons. Escrivá de Balaguer*, y se han comenzado a publicar sus escritos inéditos, como *En diálogo con el Señor* y dos volúmenes de *Cartas*. Una amplia documentación sobre san Josemaría puede encontrarse en www.escrivaobras.org y en www.opusdei.org.

PRESENTACIÓN

El 7 de agosto de 1931, día en que la diócesis de Madrid celebraba la fiesta de la Transfiguración del Señor, Mons. Escrivá de Balaguer dejó anotada una de sus experiencias místicas, que el Señor le concedía. Al celebrar la Santa Misa, Dios le hizo entender de un modo nuevo las palabras del Evangelio: *et ego, si exaltatus fuero a terra, omnia traham ad meipsum*[1]; *Comprendí que serán los hombres y mujeres de Dios, quienes levantarán la Cruz con las doctrinas de Cristo*

---

[1] *Ioann.* XII, 32: así se recogía entonces el texto sagrado, en la versión oficial de la Vulgata.

sobre el pináculo de toda actividad humana... Y vi triunfar al Señor, atrayendo a Sí todas las cosas. Luego, como respuesta a esas luces, continúa escribiendo: *A pesar de sentirme vacío de virtud y de ciencia (la humildad es la verdad..., sin garabato), querría escribir unos libros de fuego, que corrieran por el mundo como llama viva, prendiendo su luz y su calor en los hombres, convirtiendo los pobres corazones en brasas, para ofrecerlos a Jesús como rubíes de su corona de Rey*[2].

Fruto de esas ansias fueron también Camino, Surco y Forja; aunque estas dos últimas obras se han publicado como póstumas, nacieron entonces y ninguna descripción más apropiada que aquellas palabras de su autor. Forja es un libro de fuego, cuya lectura y meditación puede meter a muchas almas en la fragua del Amor divino, y encenderlas en afanes de santidad y de apostolado, porque éste era el deseo de Mons. Escrivá de Balaguer, claramente reflejado en el prólogo: *¿Cómo no voy a tomar tu alma —oro puro— para meterla en forja, y trabajarla con el fuego y el martillo, hasta ha-*

---

[2] J. Escrivá de Balaguer, 7-VIII-1931. Apunte manuscrito conservado en el Archivo de la Prelatura de la Santa Cruz y Opus Dei.

cer de ese oro nativo una joya espléndida que ofrecer a mi Dios, a tu Dios?

Forja consta de 1055 puntos de meditación, distribuidos en trece capítulos. Muchos de esos puntos tiene un claro talante autobiográfico: son anotaciones escritas por el Fundador del Opus Dei en unos cuadernos espirituales que, sin ser un diario, llevó durante los años treinta. En esos apuntes personales, recogía algunas muestras de la acción divina en su alma, para meditarlas una vez y otra en su oración personal, y también sucesos y anécdotas de la vida corriente, de los que se esforzaba por sacar siempre una enseñanza sobrenatural. Como es característico de Mons. Escrivá de Balaguer, que siempre huyó de llamar la atención, las referencias a situaciones y sucesos de carácter autobiográfico suelen aparecer narradas en tercera persona.

Muchas veces a los que teníamos la gran fortuna de vivir a su lado nos habló de este libro, que fue tomando cuerpo a lo largo de los años. Deseaba, además de darle el orden definitivo, leer despacio cada uno de los puntos, para poner todo su amor sacerdotal al servicio del lector: no le interesaba abonitarlos, sólo pretendía llegar a la intimidad de las almas, y en esa espera... le llamó el

Señor a su intimidad. Y tal como los dejó, aparecen ahora al público.

El nervio de Forja puede resumirse en esta afirmación: *La vida de Jesucristo, si le somos fieles, se repite en la de cada uno de nosotros de algún modo, tanto en su proceso interno —en la santificación—, como en la conducta externa* (n. 418).

La configuración progresiva con Jesucristo, que constituye la esencia de la vida cristiana, se realiza de modo arcano por medio de los Sacramentos[3]. Requiere, además, el esfuerzo de cada uno por corresponder a la gracia: conocer y amar al Señor, cultivar sus mismos sentimientos[4]. Reproducir su vida en la conducta diaria, hasta poder exclamar con el Apóstol: *vivo autem, iam non ego: vivit vero in me Christus*[5], no soy yo quien vive, sino que es Cristo quien vive en mí. Así nos concreta el programa —la santidad— que el Señor propone a todos, sin excepción de ningún tipo. *Fíjate bien: hay muchos hombres y mujeres en el mundo, y ni a uno solo de ellos deja de*

---

[3] Cfr. Concilio Vaticano II, Const. dogm. *Lumen gentium*, n. 7.
[4] Cfr. *Philip.* II, 5.
[5] *Galat.* II, 20.

llamar el Maestro. Les llama a una vida cris-
tiana, a una vida de santidad, a una vida de elec-
ción (n. 13).

Este itinerario interior de progresiva identificación con Cristo viene a ser la trama de Forja. Una
trama que no constituye un molde rígido para la
vida interior; nada más lejos de las intenciones de
Mons. Escrivá, que tenía un respeto grandísimo
por la libertad interior de cada persona. Porque, a
fin de cuentas, cada alma sigue su propio camino,
a impulsos del Espíritu Santo. Estos puntos de
meditación son más bien sugerencias de amigo,
consejos paternos para quien resuelve tomar en
serio su vocación cristiana.

Forja, en definitiva, acompaña al alma en el
recorrido de su santificación, desde que percibe
la luz de la vocación cristiana hasta que la vida
terrena se abre a la eternidad. El primer capítulo
está dedicado precisamente a la vocación; el autor lo titula Deslumbramiento, porque quedamos
deslumbrados cada vez que Dios nos va haciendo entender que somos hijos suyos, que hemos costado toda la Sangre de su Hijo Unigénito
y que —a pesar de nuestra poquedad y de nuestra personal miseria— nos quiere corredentores
con Cristo: *Hijos de Dios. —Portadores de la*

única llama capaz de iluminar los caminos terre-
nos de las almas, del único fulgor, en el que
nunca podrán darse oscuridades, penumbras ni
sombras (n. 1).

La respuesta a la vocación divina exige una lucha constante. Un combate sin estruendo en la pa-
lestra de la vida ordinaria, porque *ser santo (...)*
no es hacer cosas raras: es luchar en la vida inte-
rior y en el cumplimiento heroico, acabado, del
deber (n. 60).

En esa pelea interior no faltarán las derrotas, y
puede acechar el peligro del desaliento. Por eso,
el Fundador del Opus Dei inculcó sin tregua en
las almas aquel *possumus!* de los hijos de Zebe-
deo[6]; un grito —¡podemos!— que no nace de la
presunción, sino de la humilde confianza en la
Omnipotencia divina.

Gustaba a Mons. Escrivá la imagen del borrico, un animal poco vistoso, humilde, trabaja-
dor, que mereció el honor de llevar en triunfo a
Jesucristo por las calles de Jerusalén. Esa imagen
del burro, perseverante, obediente, sabedor de su
indignidad, le sirve para animar al lector a adqui-
rir y ejercitar una serie de virtudes que, con

---

[6] *Marc.* X. 39.

agudo sentido de la observación, descubría en el borrico de noria: *humilde, duro para el trabajo y perseverante, ¡tozudo!, fiel, segurísimo en su paso, fuerte y —si tiene buen amo— agradecido y obediente* (n. 380).

Estrechamente ligada a la humildad y a la perseverancia del borrico de noria está, en efecto, la obediencia. *Convéncete de que, si no aprendes a obedecer, no serás eficaz* (n. 626). Porque obedecer a quien en nombre de Dios dirige nuestra alma y encauza el apostolado es abrirse a la gracia divina, dejar actuar al Espíritu; es humildad. Obediencia, pues, a Dios mismo. Y, por Dios, a su Santa Iglesia. No hay otro camino: *Persuádete, hijo, de que desunirse, en la Iglesia, es morir* (n. 631). Es otra de las ideas madre en la predicación de Mons. Escrivá de Balaguer: no separar a Cristo de su Iglesia, no separar al cristiano de Cristo, a quien está unido por la gracia. Sólo así la victoria es segura.

Los hombres y las mujeres que buscan la santidad en el mundo realizan su labor apostólica en y desde el cumplimiento de sus deberes habituales, en primer lugar el trabajo profesional. *Por la enseñanza paulina, sabemos que hemos de renovar el mundo en el espíritu de Jesucristo, que*

hemos de colocar al Señor en lo alto y en la en-
traña de todas las cosas. —¿Piensas tú que lo es-
tás cumpliendo en tu oficio, en tu tarea profesio-
nal? (n. 678).

Junto con el trabajo, han de convertirse en instrumento de santidad personal y de apostolado todas las realidades nobles de los hombres. *Admira*
la bondad de nuestro Padre Dios: ¿no te llena de
gozo la certeza de que tu hogar, tu familia, tu
país, que amas con locura, son materia de santi-
dad? (n. 689). Así, se refiere también en varios
puntos al matrimonio y a la familia; y luego, a los
deberes ciudadanos. Porque *ha querido el Señor*
que sus hijos, los que hemos recibido el don de la
fe, manifestemos la original visión optimista de
la creación, el "amor al mundo" que late en el
cristianismo (n. 703).

No deja de recordar el autor, que para divinizar
lo humano, se requiere una profunda vida interior:
de lo contrario, se correría el riesgo de humanizar
lo divino, sin olvidar —como oí repetir a Mons.
Escrivá de Balaguer— que *todo lo sobrenatural,*
cuando se refiere a los hombres, es muy hu-
mano. Por eso cuanto más plena es la identificación con Cristo, más apremiante se torna el afán
apostólico, porque *la santidad —cuando es ver-*

*dadera— se desborda del vaso, para llenar
otros corazones, otras almas, de esa sobreabundancia* (n. 856).

El cristiano adquiere un corazón grande como
el de Cristo, donde caben todos. *Jesús hará que
tomes a todos los que tratas un cariño grande, que
en nada empañará el que a Él le tienes. Al contrario: cuanto más quieras a Jesus, más gente cabrá
en tu corazón* (n. 876). Se detesta entonces toda
estrechez, cualquier intento del particularismo y
más aún de bandería. Se entrelazan así dos actitu-
des típicas del alma madura: un insaciable afán de
almas —*¡ninguna!, puede resultarte indiferente*
(n. 951)— y el deseo —también insaciable— de
unión con Dios (cfr. n. 927).

Como el ansia de Dios no puede saciarse en esta
tierra, se anhela la unión definitiva en la eternidad.
Este es el tema del último capítulo de Forja. Al es-
tilo paulino, y de modo especialmente intenso en
los últimos años de su vida, el Fundador del Opus
Dei sentía juntamente la aspiración de abrazar
cuanto antes a su Amor en el Cielo —¡cuántas veces repitió las palabras del salmo: *vultum tuum,
Domine, requiram!*[7]—, y el deseo de servirle

---

[7] *Ps.* XXVI. 8.

eficazmente mucho tiempo en la tierra: *Morir es una cosa buena. ¿Cómo puede ser que haya quien tenga fe y, a la vez, miedo a la muerte?... Pero mientras el Señor te quiera mantener en la tierra, morir, para ti, es una cobardía. Vivir, vivir y padecer y trabajar por Amor: esto es lo tuyo* (n. 1037).

Hay de este modo una perfecta continuidad en la vida de los hijos de Dios: *la felicidad del Cielo es para los que saben ser felices en la tierra* (n. 1005). Es el premio que Jesucristo prometió a sus seguidores[8]: felices aquí, con una felicidad relativa, y plenamente dichosos en la vida eterna.

Me atrevo a asegurarte, amigo lector, que si tú y yo nos metemos en esta forja del Amor de Dios, nuestras almas se harán mejores, perderán un poco de la ganga que tenían. Mons. Escrivá de Balaguer nos guiará por los caminos de la vida interior, con paso seguro, como quien conoce el terreno palmo a palmo, porque lo ha recorrido muchas veces. Lanzándonos de verdad a recorrer esta senda, comenzando y recomenzando cuantas veces sea preciso (cfr. n. 384), también nosotros

---

[8] Cfr. *Matth*. XIX. 29.

llegaremos al final de nuestra carrera con paz y alegría, seguros de ser acogidos en los brazos de nuestro Padre del Cielo.

Tenemos, no lo olvides, la protección de la Santísima Virgen; a Ella acudimos al terminar estas páginas, con palabras de Forja, para que la lectura y la meditación de este libro alcance en nosotros, con la gracia de Dios, la finalidad que Mons. Escrivá de Balaguer se propuso al escribirlo: *¡Madre!: haz que busque a tu Hijo; haz que encuentre a tu Hijo; haz que ame a tu Hijo... ¡con todo mi ser!* (n. 157).

Roma, 26 de junio de 1986

Alvaro del Portillo

PRÓLOGO DEL AUTOR

Aquella madre
—santamente apasionada, como todas las madres—
a su hijo pequeño le llamaba:
su príncipe, su rey, su tesoro, su sol.
Yo pensé en ti.
Y entendí
—¿qué padre no lleva en las entrañas algo maternal?—
que no era ponderación el decir de la madre buena:
tú... eres más que un tesoro,
vales más que el sol:
¡toda la Sangre de Cristo!
¿Cómo no voy a tomar tu alma
—oro puro—
para meterla en *forja,*
y trabajarla con el fuego y el martillo,
hasta hacer de ese oro nativo una joya espléndida
que ofrecer a mi Dios,
a tu Dios?

DESLUMBRAMIENTO

1   Hijos de Dios. —Portadores de la única llama capaz de iluminar los caminos terrenos de las almas, del único fulgor, en el que nunca podrán darse oscuridades, penumbras ni sombras.

—El Señor se sirve de nosotros como antorchas, para que esa luz ilumine... De nosotros depende que muchos no permanezcan en tinieblas, sino que anden por senderos que llevan hasta la vida eterna.

2   —¡Dios es mi Padre! —Si lo meditas, no saldrás de esta consoladora consideración.

—¡Jesús es mi Amigo entrañable! (otro

Mediterráneo), que me quiere con toda la divina locura de su Corazón.

—¡El Espíritu Santo es mi Consolador!, que me guía en el andar de todo mi camino.

Piénsalo bien. —Tú eres de Dios..., y Dios es tuyo.

3   Padre mío —¡trátale así, con confianza!—, que estás en los Cielos, mírame con compasivo Amor, y haz que te corresponda.

—Derrite y enciende mi corazón de bronce, quema y purifica mi carne inmortificada, llena mi entendimiento de luces sobrenaturales, haz que mi lengua sea pregonera del Amor y de la Gloria de Cristo.

4   Cristo, que subió a la Cruz con los brazos abiertos de par en par, con gesto de Sacerdote Eterno, quiere contar con nosotros —¡que no somos nada!—, para llevar a "todos" los hombres los frutos de su Redención.

5   Estamos, Señor, gustosamente en tu mano llagada. ¡Apriétanos fuerte!, ¡estrújanos!, ¡que perdamos toda la miseria terrena!, ¡que nos purifiquemos, que nos encendamos, que nos sintamos empapados en tu Sangre!

—Y luego, ¡lánzanos lejos!, lejos, con hambres de mies, a una siembra cada día más fecunda, por Amor a Ti.

6   No tengas miedo, ni te asustes, ni te asombres, ni te dejes llevar por una falsa prudencia.

La llamada a cumplir la Voluntad de Dios —también la vocación— es repentina, como la de los Apóstoles: encontrar a Cristo y seguir su llamamiento...

—Ninguno dudó: conocer a Cristo y seguirle fue todo uno.

7   Ha llegado para nosotros un día de salvación, de eternidad. Una vez más se oyen esos silbidos del Pastor Divino, esas palabras cariñosas, «vocavi te nomine tuo» —te he llamado por tu nombre.

Como nuestra madre, El nos invita por el nombre. Más: por el apelativo cariñoso, familiar. —Allá, en la intimidad del alma, llama, y hay que contestar: «ecce ego, quia vocasti me» —aquí estoy, porque me has llamado, decidido a que esta vez no pase el tiempo como el agua sobre los cantos rodados, sin dejar rastro.

8   ¡Vive junto a Cristo!: debes ser, en el Evangelio, un personaje más, conviviendo con

Pedro, con Juan, con Andrés..., porque Cristo también vive ahora: «Iesus Christus, heri et hodie, ipse et in saecula!» —¡Jesucristo vive!, hoy como ayer: es el mismo, por los siglos de los siglos.

9 Señor, que tus hijos sean como una brasa encendidísima, sin llamaradas que se vean de lejos. Una brasa que ponga el primer punto de fuego, en cada corazón que traten...

—Tú harás que ese chispazo se convierta en un incendio: tus Angeles —lo sé, lo he visto— son muy entendidos en eso de soplar sobre el rescoldo de los corazones..., y un corazón sin cenizas no puede menos de ser tuyo.

10 Piensa en lo que dice el Espíritu Santo, y llénate de pasmo y de agradecimiento: «elegit nos ante mundi constitutionem» —nos ha elegido, antes de crear el mundo, «ut essemus sancti in conspectu eius!» —para que seamos santos en su presencia.

—Ser santo no es fácil, pero tampoco es difícil. Ser santo es ser buen cristiano: parecerse a Cristo. —El que más se parece a Cristo, ése es más cristiano, más de Cristo, más santo.

—Y ¿qué medios tenemos? —Los mismos que los primeros fieles, que vieron a Jesús, o lo entrevieron a través de los relatos de los Apóstoles o de los Evangelistas.

11   ¡Qué deuda la tuya con tu Padre—Dios! —Te ha dado el ser, la inteligencia, la voluntad...; te ha dado la gracia: el Espíritu Santo; Jesús, en la Hostia; la filiación divina; la Santísima Virgen, Madre de Dios y Madre nuestra; te ha dado la posibilidad de participar en la Santa Misa y te concede el perdón de tus pecados, ¡tantas veces su perdón!; te ha dado dones sin cuento, algunos extraordinarios...
—Dime, hijo: ¿cómo has correspondido?, ¿cómo correspondes?

12   No sé qué te ocurrirá a ti..., pero necesito confiarte mi emoción interior, después de leer las palabras del profeta Isaías: «ego vocavi te nomine tuo, meus es tu!» —Yo te he llamado, te he traído a mi Iglesia, ¡eres mío!: ¡que Dios me diga a mí que soy suyo! ¡Es como para volverse loco de Amor!

13   Fíjate bien: hay muchos hombres y mujeres en el mundo, y ni a uno solo de ellos deja de llamar el Maestro.

Les llama a una vida cristiana, a una vida de santidad, a una vida de elección, a una vida eterna.

14 Cristo ha padecido por ti y para ti, para arrancarte de la esclavitud del pecado y de la imperfección.

15 En estos momentos de violencia, de sexualidad brutal, salvaje, hemos de ser rebeldes. Tú y yo somos rebeldes: no nos da la gana dejarnos llevar por la corriente, y ser unas bestias.

Queremos portarnos como hijos de Dios, como hombres o mujeres que tratan a su Padre, que está en los Cielos y quiere estar muy cerca —¡dentro!— de cada uno de nosotros.

16 Medítalo con frecuencia: ¡soy católico, hijo de la Iglesia de Cristo! El me ha hecho nacer en un hogar "suyo", sin ningún merecimiento de mi parte.

—¡Cuánto te debo, Dios mío!

17 Recordad a todos —y de modo especial a tantos padres y a tantas madres de familia, que se dicen cristianos— que la "vocación", la llamada de

Dios, es una gracia del Señor, una elección hecha por la bondad divina, un motivo de santo orgullo, un servir a todos gustosamente por amor de Jesucristo.

18   Hazme eco: no es un sacrificio, para los padres, que Dios les pida sus hijos; ni, para los que llama el Señor, es un sacrificio seguirle.

Es, por el contrario, un honor inmenso, un orgullo grande y santo, una muestra de predilección, un cariño particularísimo, que ha manifestado Dios en un momento concreto, pero que estaba en su mente desde toda la eternidad.

19   Agradece a tus padres el hecho de que te hayan dado la vida, para poder ser hijo de Dios. —Y sé más agradecido, si el primer germen de la fe, de la piedad, de tu camino de cristiano, o de tu vocación, lo han puesto ellos en tu alma.

20   Hay muchas personas a tu alrededor, y no tienes derecho a ser obstáculo para su bien espiritual, para su felicidad eterna.

—Estás obligado a ser santo: a no defraudar a Dios, por la elección de que te ha hecho objeto; ni tampoco a esas criaturas, que tanto esperan de tu vida de cristiano.

21   El mandamiento de amar a los padres es de derecho natural y de derecho divino positivo, y yo lo he llamado siempre "dulcísimo precepto".

—No descuides tu obligación de querer más cada día a los tuyos, de mortificarte por ellos, de encomendarles, y de agradecerles todo el bien que les debes.

22   Como quiere el Maestro, tú has de ser —bien metido en este mundo, en el que nos toca vivir, y en todas las actividades de los hombres— sal y luz.

—Luz, que ilumina las inteligencias y los corazones; sal, que da sabor y preserva de la corrupción.

Por eso, si te falta afán apostólico, te harás insípido e inútil, defraudarás a los demás y tu vida será un absurdo.

23   Una ola sucia y podrida —roja y verde— se empeña en sumergir la tierra, escupiendo su puerca saliva sobre la Cruz del Redentor...

Y El quiere que de nuestras almas salga otra oleada —blanca y poderosa, como la diestra del Señor—, que anegue, con su pureza, la podredumbre de todo materialismo y neutralice la corrupción, que ha inundado el Orbe: a eso vienen —y a más— los hijos de Dios.

24   Muchos, con aire de autojustificación, se preguntan: yo, ¿por qué me voy a meter en la vida de los demás?

—¡Porque tienes obligación, como cristiano, de meterte en la vida de los otros, para servirles!

—¡Porque Cristo se ha metido en tu vida y en la mía!

25   Si eres otro Cristo, si te comportas como hijo de Dios, donde estés quemarás: Cristo abrasa, no deja indiferentes los corazones.

26   Duele ver que, después de dos mil años, haya tan pocos que se llamen cristianos en el mundo. Y que, de los que se llaman cristianos, haya tan pocos que vivan la verdadera doctrina de Jesucristo.

¡Vale la pena jugarse la vida entera!: trabajar y sufrir, por Amor, para llevar adelante los designios de Dios, para corredimir.

27   Veo tu Cruz, Jesús mío, y gozo de tu gracia, porque el premio de tu Calvario ha sido para nosotros el Espíritu Santo... Y te me das, cada día, amoroso —¡loco!— en la Hostia Santísima... Y

me has hecho ¡hijo de Dios!, y me has dado a tu
Madre.

No me basta el hacimiento de gracias: se
me va el pensamiento: Señor, Señor, ¡tantas almas
lejos de Ti!

Fomenta en tu vida las ansias de apostolado, para que le conozcan..., y le amen..., y ¡se
sientan amados!

28   Algunas veces —me lo has oído comentar
con frecuencia— se habla del amor como si fuera
un impulso hacia la propia satisfacción, o un
mero recurso para completar de modo egoísta la
propia personalidad.

—Y siempre te he dicho que no es así: el
amor verdadero exige salir de sí mismo, entregarse. El auténtico amor trae consigo la alegría:
una alegría que tiene sus raíces en forma de Cruz.

29   Dios mío: ¿cómo puede ser que vea un
Crucifijo, y no clame de dolor y de amor?

30   Pásmate ante la magnanimidad de Dios: se
ha hecho Hombre para redimirnos, para que tú y
yo —¡que no valemos nada, reconócelo!— le tra-
temos con confianza.

31   ¡Oh Jesús..., fortalece nuestras almas, allana el camino y, sobre todo, embriáganos de Amor!: haznos así hogueras vivas, que enciendan la tierra con el divino fuego que Tú trajiste.

32   Acercarse un poco más a Dios quiere decir estar dispuesto a una nueva conversión, a una nueva rectificación, a escuchar atentamente sus inspiraciones —los santos deseos que hace brotar en nuestras almas—, y a ponerlos por obra.

33   ¿De qué te envaneces? —Todo el impulso que te mueve es de El. Obra en consecuencia.

34   ¡Qué respeto, qué veneración, qué cariño hemos de sentir por una sola alma, ante la realidad de que Dios la ama como algo suyo!

35   Aspiración: ¡ojalá queramos usar los días, que el Señor nos da, sólo para agradarle!

36   Deseo que tu comportamiento sea como el de Pedro y el de Juan: que lleves a tu oración, para hablar con Jesús, las necesidades de tus amigos, de tus colegas..., y que luego, con tu ejemplo, puedas decirles: «respice in nos!» —¡miradme!

37   Cuando se ama mucho a una persona, se desea saber todo lo que a ella se refiere.

—Medítalo: ¿tú tienes hambre de conocer a Cristo? Porque... con esa medida le amas.

38   Mienten —o están equivocados— quienes afirman que los sacerdotes estamos solos: estamos más acompañados que nadie, porque contamos con la continua compañía del Señor, a quien hemos de tratar ininterrumpidamente.

—¡Somos enamorados del Amor, del Hacedor del Amor!

39   Me veo como un pobre pajarillo que, acostumbrado a volar solamente de árbol a árbol o, a lo más, hasta el balcón de un tercer piso..., un día, en su vida, tuvo bríos para llegar hasta el tejado de cierta casa modesta, que no era precisamente un rascacielos...

Mas he aquí que a nuestro pájaro lo arrebata un águila —lo tomó equivocadamente por una cría de su raza— y, entre sus garras poderosas, el pajarillo sube, sube muy alto, por encima de las montañas de la tierra y de los picos de nieve, por encima de las nubes blancas y azules y rosas, más arriba aún, hasta mirar de frente al sol... Y entonces el águila, soltando al pajarillo, le dice: anda, ¡vuela!...

—¡Señor, que no vuelva a volar pegado a la tierra!, ¡que esté siempre iluminado por los rayos del divino Sol —Cristo— en la Eucaristía!, ¡que mi vuelo no se interrumpa hasta hallar el descanso de tu Corazón!

40 Así concluía su oración aquel amigo nuestro: "amo la Voluntad de mi Dios: por eso, en completo abandono, que El me lleve como y por donde quiera".

41 Pide al Padre, al Hijo y al Espíritu Santo, y a tu Madre, que te hagan conocerte y llorar por ese montón de cosas sucias que han pasado por ti, dejando —¡ay!— tanto poso... —Y a la vez, sin querer apartarte de esa consideración, dile: dame, Jesús, un Amor como hoguera de purificación, donde mi pobre carne, mi pobre corazón, mi pobre alma, mi pobre cuerpo se consuman, limpiándose de todas las miserias terrenas... Y, ya vacío todo mi yo, llénalo de Ti: que no me apegue a nada de aquí abajo; que siempre me sostenga el Amor.

42 No desees nada para ti, ni bueno ni malo: quiere solamente, para ti, lo que Dios quiera.

Sea lo que fuere, viniendo de su mano, de Dios, por malo que a los ojos de los hombres parezca, con la ayuda del Señor, a ti te parecerá bueno ¡y muy bueno!, y dirás, siempre con mayor convencimiento: «et in tribulatione mea dilatasti me..., et calix tuus inebrians, quam praeclarus est!» —en la tribulación me he gozado..., ¡qué maravilloso es tu cáliz, que embriaga todo mi ser!

43 Es preciso ofrecer al Señor el sacrificio de Abel. Un sacrificio de carne joven y hermosa, lo mejor del rebaño: de carne sana y santa; de corazones que sólo tengan un amor: ¡Tú, Dios mío!; de inteligencias trabajadas por el estudio profundo, que se rendirán ante tu Sabiduría; de almas infantiles, que no pensarán más que en agradarte.
—Recibe, desde ahora, Señor, este sacrificio en olor de suavidad.

44 Hay que saber entregarse, arder delante de Dios como esa luz, que se pone sobre el candelero, para iluminar a los hombres que andan en tinieblas; como esas lamparillas que se queman junto al altar, y se consumen alumbrando hasta gastarse.

45   El Señor —Maestro de Amor— es un amante celoso que pide todo lo nuestro, todo nuestro querer. Espera que le ofrezcamos lo que tenemos, siguiendo el camino que a cada uno nos ha marcado.

46   Dios mío, veo que no te aceptaré como mi Salvador, si no te reconozco al mismo tiempo como Modelo.

   —Pues que quisiste ser pobre, dame amor a la Santa Pobreza. Mi propósito, con tu ayuda, es vivir y morir pobre, aunque tenga millones a mi disposición.

47   Te has quedado muy serio cuando te he confiado: a mí, para el Señor, todo me parece poco.

48   Ojalá pueda decirse que la característica que define tu vida es "amar la Voluntad de Dios".

49   Cualquier trabajo, aun el más escondido, aun el más insignificante, ofrecido al Señor, ¡lleva la fuerza de la vida de Dios!

50   Siente la responsabilidad de tu misión: ¡te está contemplando el Cielo entero!

51   ¡Dios te espera! —Por eso, ahí donde estás, tienes que comprometerte a imitarle, a unirte a El, con alegría, con amor, con ilusión, aunque se presente la circunstancia —o una situación permanente— de ir a contrapelo.

   ¡Dios te espera..., y te necesita fiel!

52   Escribías: "yo te oigo clamar, Rey mío, con viva voz, que aún vibra: «ignem veni mittere in terram, et quid volo nisi ut accendatur?» —he venido a traer fuego a la tierra, ¿y qué quiero sino que arda?"

   Después añadías: "Señor, te respondo —todo yo— con mis sentidos y potencias: «ecce ego quia vocasti me!» —¡aquí me tienes porque me has llamado!"

   —Que sea esta respuesta tuya una realidad cotidiana.

53   Has de tener la mesura, la fortaleza, el sentido de responsabilidad que adquieren muchos a la vuelta de los años, con la vejez. Alcanzarás todo esto, siendo joven, si no me pierdes el sentido sobrenatural de hijo de Dios: porque El te dará, más que a los ancianos, esas condiciones convenientes para hacer tu labor de apóstol.

54   Gozas de una alegría interior y de una paz, que no cambias por nada. Dios está aquí: no hay cosa mejor que contarle a El las penas, para que dejen de ser penas.

55   ¿Es posible que lleve Cristo tantos años —veinte siglos— actuando en la tierra, y que el mundo esté así?, me preguntabas. ¿Es posible que aún haya gente que no conozca al Señor?, insistías.

—Y te contesté seguro: ¡tenemos la culpa nosotros!, que hemos sido llamados a ser corredentores, y a veces, ¡quizá muchas!, no correspondemos a esa Voluntad de Dios.

56   Humildad de Jesús: ¡qué vergüenza, por contraste, para mí —polvo de estiércol—, que tantas veces he disfrazado mi soberbia so capa de dignidad, de justicia!... —Y así, ¡cuántas ocasiones de seguir al Maestro he perdido, o no he aprovechado, por no sobrenaturalizarlas!

57   Dulce Madre..., llévanos hasta la locura que haga, a otros, locos de nuestro Cristo.

Dulce Señora María: que el Amor no sea, en nosotros, falso incendio de fuegos fatuos, producto a veces de cadáveres descompuestos...: que sea verdadero incendio voraz, que prenda y queme cuanto toque.

LUCHA

58 Elección divina significa —¡y exige!— santidad personal.

59 Si respondes a la llamada que te ha hecho el Señor, tu vida —¡tu pobre vida!— dejará en la historia de la humanidad un surco hondo y ancho, luminoso y fecundo, eterno y divino.

60 Siente cada día la obligación de ser santo. —¡Santo!, que no es hacer cosas raras: es luchar en la vida interior y en el cumplimiento heroico, acabado, del deber.

61   La santidad no consiste en grandes ocupaciones. —Consiste en pelear para que tu vida no se apague en el terreno sobrenatural; en que te dejes quemar hasta la última brizna, sirviendo a Dios en el último puesto..., o en el primero: donde el Señor te llame.

62   No se ha limitado el Señor a decirnos que nos ama: sino que nos lo ha demostrado con las obras, con la vida entera. —¿Y tú?

63   Si amas al Señor, "necesariamente" has de notar el bendito peso de las almas, para llevarlas a Dios.

64   Para quien quiere vivir de Amor con mayúscula, el término medio es muy poco, es cicatería, cálculo ruin.

65   Esta es la receta para tu camino de cristiano: oración, penitencia, trabajo sin descanso, con un cumplimiento amoroso del deber.

66   ¡Dios mío, enséñame a amar! —¡Dios mío, enséñame a orar!

67 Debemos pedir a Dios la fe, la esperanza, la caridad, con humildad, con oración perseverante, con una conducta honrada y con costumbres limpias.

68 Me has dicho que no sabías cómo pagarme el celo santo que te inundaba el alma.

—Me apresuré a responderte: yo no te doy ninguna vibración: te la concede el Espíritu Santo.

—Quiérele, trátale. —Así, irás amándole más y mejor, y agradeciéndole que sea El quien se asienta en tu alma, para que tengas vida interior.

69 Lucha para conseguir que el Santo Sacrificio del Altar sea el centro y la raíz de tu vida interior, de modo que toda la jornada se convierta en un acto de culto —prolongación de la Misa que has oído y preparación para la siguiente—, que se va desbordando en jaculatorias, en visitas al Santísimo, en ofrecimiento de tu trabajo profesional y de tu vida familiar...

70 Procura dar gracias a Jesús en la Eucaristía, cantando loores a Nuestra Señora, a la Virgen pura, la sin mancilla, la que trajo al mundo al Señor.

—Y, con audacia de niño, atrévete a decir a Jesús: mi lindo Amor, ¡bendita sea la Madre que te trajo al mundo!

De seguro que le agradas, y pondrá en tu alma más amor aún.

71   Cuenta el Evangelista San Lucas que Jesús estaba orando...: ¡cómo sería la oración de Jesús!

Contempla despacio esta realidad: los discípulos tratan a Jesucristo y, en esas conversaciones, el Señor les enseña —también con las obras— cómo han de orar, y el gran portento de la misericordia divina: que somos hijos de Dios, y que podemos dirigirnos a El, como un hijo habla a su Padre.

72   Al emprender cada jornada para trabajar junto a Cristo, y atender a tantas almas que le buscan, convéncete de que no hay más que un camino: acudir al Señor.

—¡Solamente en la oración, y con la oración, aprendemos a servir a los demás!

73   La oración —recuérdalo— no consiste en hacer discursos bonitos, frases grandilocuentes o que consuelen...

Oración es a veces una mirada a una imagen del Señor o de su Madre; otras, una petición, con palabras; otras, el ofrecimiento de las buenas obras, de los resultados de la fidelidad...

Como el soldado que está de guardia, así hemos de estar nosotros a la puerta de Dios Nuestro Señor: y eso es oración. O como se echa el perrillo, a los pies de su amo.

—No te importe decírselo: Señor, aquí me tienes como un perro fiel; o mejor, como un borriquillo, que no dará coces a quien le quiere.

74 Todos hemos de ser «ipse Christus» —el mismo Cristo. Así nos lo manda San Pablo en nombre de Dios: «induimini Dominum Iesum Christum» —revestíos de Jesucristo.

Cada uno de nosotros —¡tú!— tiene que ver cómo se pone ese vestido del que nos habla el Apóstol; cada uno, personalmente, debe dialogar sin interrupción con el Señor.

75 Tu oración no puede quedarse en meras palabras: ha de tener realidades y consecuencias prácticas.

76 Orar es el camino para atajar todos los males que padecemos.

77   Te daré un consejo, que no me cansaré de repetir a las almas: que ames con locura a la Madre de Dios, que es Madre nuestra.

78   La heroicidad, la santidad, la audacia, requieren una constante preparación espiritual. Darás siempre, a los otros, sólo aquello que tengas; y, para dar a Dios, has de tratarle, vivir su Vida, servirle.

79   No dejaré de insistirte, para que se te grabe bien en el alma: ¡piedad!, ¡piedad!, ¡piedad!, ya que, si faltas a la caridad, será por escasa vida interior: no por tener mal carácter.

80   Si eres buen hijo de Dios, del mismo modo que el pequeño necesita de la presencia de sus padres al levantarse y al acostarse, tu primer y tu último pensamiento de cada día serán para El.

81   Has de ser constante y exigente en tus normas de piedad, también cuando estás cansado o te resultan áridas. ¡Persevera! Esos momentos son como los palos altos, pintados de rojo que, en las carreteras de montaña, cuando llega la nieve, sirven de punto de referencia y señalan, ¡siempre!, dónde está el camino seguro.

82   Esfuérzate para responder, en cada instante, a lo que te pide Dios: ten voluntad de amarle con obras. —Con obras pequeñas, pero sin dejar ni una.

83   La vida interior se robustece por la lucha en las prácticas diarias de piedad, que has de cumplir —más: ¡que has de vivir!— amorosamente, porque nuestro camino de hijos de Dios es de Amor.

84   Busca a Dios en el fondo de tu corazón limpio, puro; en el fondo de tu alma cuando le eres fiel, ¡y no pierdas nunca esa intimidad!

—Y, si alguna vez no sabes cómo hablarle, ni qué decir, o no te atreves a buscar a Jesús dentro de ti, acude a María, «tota pulchra» —toda pura, maravillosa—, para confiarle: Señora, Madre nuestra, el Señor ha querido que fueras tú, con tus manos, quien cuidara a Dios: ¡enséñame —enséñanos a todos— a tratar a tu Hijo!

85   Inculcad en las almas el heroísmo de hacer con perfección las pequeñas cosas de cada día: como si de cada una de esas acciones dependiera la salvación del mundo.

86 Con tu vida de piedad, aprenderás a practicar las virtudes propias de tu condición de hijo de Dios, de cristiano.

—Y junto a estas virtudes, adquirirás toda esa gama de valores espirituales, que parecen pequeños y son grandes; piedras preciosas que brillan, que hemos de recoger por el camino, para llevarlas a los pies del Trono de Dios, en servicio de los hombres: la sencillez, la alegría, la lealtad, la paz, las menudas renuncias, los servicios que pasan inadvertidos, el fiel cumplimiento del deber, la amabilidad...

87 No te crees más obligaciones que... la gloria de Dios, su Amor, su Apostolado.

88 El Señor te ha hecho ver claro tu camino de cristiano en medio del mundo. Sin embargo, me aseguras que muchas veces has considerado, con envidia —me has dicho que en el fondo era comodidad—, la felicidad de ser un desconocido, trabajando, ignorado por todos, en el último rincón... ¡Dios y tú!

—Ahora, aparte de la idea de misionar en el Japón, viene a tu cabeza el pensamiento de esa vida oculta y sufrida... Pero si, al quedar libre de otras santas obligaciones naturales, trataras de "esconderte", sin ser ésa tu vocación, en una institución religiosa cualquiera, no serías feliz. —Te faltaría la paz; porque habrías hecho tu voluntad, no la de Dios.

—Tu "vocación", entonces, tendría otro nombre: defección, producto no de divina inspiración, sino de puro miedo humano a la lucha que se avecina. Y eso... ¡no!

89 Contra la vida limpia, la pureza santa, se alza una gran dificultad, a la que todos estamos expuestos: el peligro del aburguesamiento, en la vida espiritual o en la vida profesional: el peligro —también para los llamados por Dios al matrimonio— de sentirse solterones, egoístas, personas sin amor.

—Lucha de raíz contra ese riesgo, sin concesiones de ningún género.

90 Para vencer la sensualidad —porque llevaremos siempre este borriquillo de nuestro cuerpo a cuestas—, has de vivir generosamente, a diario, las pequeñas mortificaciones —y, en ocasiones, las grandes—; y has de mantenerte en la presencia de Dios, que jamás deja de mirarte.

91   Tu castidad no se puede limitar a evitar la caída, la ocasión...; no puede ser de ninguna manera una negación fría y matemática.

—¿Te has dado cuenta de que la castidad es una virtud y de que, como tal, debe crecer y perfeccionarse?

—No te basta, pues, ser continente —según tu estado—, sino casto, con virtud heroica.

92   El «bonus odor Christi» —el buen olor de Cristo es también el de nuestra vida limpia, el de la castidad —cada uno en su estado—, el de la santa pureza, que es afirmación gozosa: algo enterizo y delicado a la vez, fino, que evita incluso manifestaciones de palabras inconvenientes, porque no pueden agradar a Dios.

93   Acostúmbrate a dar gracias anticipadas a los Angeles Custodios..., para obligarles más.

94   A todo cristiano se debería poder aplicar el apelativo que se usó en los comienzos: "portador de Dios".

—Obra de modo tal que puedan atribuirte "con verdad" ese admirable calificativo.

95   Considera qué pasaría si los cristianos no quisiéramos vivir como tales..., ¡y rectifica tu conducta!

96   Contempla al Señor detrás de cada aconte-cimiento, de cada circunstancia, y así sabrás sacar de todos los sucesos más amor de Dios, y más de-seos de correspondencia, porque El nos espera siempre, y nos ofrece la posibilidad de cumplir continuamente ese propósito que hemos hecho: «serviam!», ¡te serviré!

97   Renueva cada jornada el deseo eficaz de anonadarte, de abnegarte, de olvidarte de ti mismo, de caminar «in novitate sensus», con una vida nueva, cambiando esta miseria nuestra por toda la grandeza oculta y eterna de Dios.

98   ¡Señor!, dame ser tan tuyo que no entren en mi corazón ni los afectos más santos, sino a través de tu Corazón llagado.

99   Procura ser delicado, persona de buenas maneras. ¡No seas grosero!
—Delicado siempre, que no quiere decir amanerado.

100 La caridad todo lo alcanza. Sin caridad, nada puede hacerse.

¡Amor!, pues: es el secreto de tu vida... ¡Ama! Sufre con alegría. Enrecia tu alma. Viriliza tu voluntad. Asegura tu entrega al querer de Dios y, con esto, vendrá la eficacia.

101 Sé sencillo y piadoso como un niño, y recio y fuerte como un caudillo.

102 La paz, que lleva consigo la alegría, el mundo no puede darla.

—Siempre están los hombres haciendo paces, y siempre andan enzarzados con guerras, porque han olvidado el consejo de luchar por dentro, de acudir al auxilio de Dios, para que El venza, y conseguir así la paz en el propio yo, en el propio hogar, en la sociedad y en el mundo.

—Si nos conducimos de este modo, la alegría será tuya y mía, porque es propiedad de los que vencen; y con la gracia de Dios —que no pierde batallas— nos llamaremos vencedores, si somos humildes.

103 Tu vida, tu trabajo, no debe ser labor negativa, no debe ser "antinada". Es, ¡debe ser!, afirmación, optimismo, juventud, alegría y paz.

104 Hay dos puntos capitales en la vida de los pueblos: las leyes sobre el matrimonio y las leyes sobre la enseñanza; y ahí, los hijos de Dios tienen que estar firmes, luchar bien y con nobleza, por amor a todas las criaturas.

105 La alegría es un bien cristiano, que poseemos mientras luchamos, porque es consecuencia de la paz. La paz es fruto de haber vencido la guerra, y la vida del hombre sobre la tierra —leemos en la Escritura Santa— es lucha.

106 Es nuestra guerra divina una maravillosa siembra de paz.

107 El que deja de luchar causa un mal a la Iglesia, a su empresa sobrenatural, a sus hermanos, a todas las almas.

—Examínate: ¿no puedes poner más vibración de amor a Dios, en tu pelea espiritual? —Yo rezo por ti... y por todos. Haz tú lo mismo.

108 Jesús, si en mí hay algo que te desagrada, dímelo, para que lo arranquemos.

109 Hay un enemigo de la vida interior, pequeño, tonto; pero muy eficaz, por desgracia: el poco empeño en el examen de conciencia.

110 En la ascética cristiana, el examen de conciencia responde a una necesidad de amor, de sensibilidad.

111 Si algo no está de acuerdo con el espíritu de Dios, ¡déjalo enseguida!

Piensa en los Apóstoles: ellos no valían nada, pero en el nombre del Señor hacen milagros. Sólo Judas, que quizá también obró milagros, se descaminó por apartarse voluntariamente de Cristo, por no cortar, violenta y valientemente, con lo que no estaba de acuerdo con el espíritu de Dios.

112 Dios mío, ¿cuándo me voy a convertir?

113 No esperes a la vejez para ser santo: ¡sería una gran equivocación!

—Comienza ahora, seriamente, gozosamente, alegremente, a través de tus obligaciones, de tu trabajo, de la vida cotidiana...

No esperes a la vejez para ser santo, porque, además de ser una gran equivocación —insisto—, no sabes si llegará para ti.

114 Ruega al Señor que te conceda toda la sensibilidad necesaria para darte cuenta de la maldad del pecado venial; para considerarlo como auténtico y radical enemigo de tu alma; y para evitarlo con la gracia de Dios.

115 Con serenidad, sin escrúpulos, has de pensar en tu vida, y pedir perdón, y hacer el propósito firme, concreto y bien determinado, de mejorar en este punto y en aquel otro: en ese detalle que te cuesta, y en aquél que habitualmente no cumples como debes, y lo sabes.

116 Llénate de buenos deseos, que es una cosa santa, y Dios la alaba. ¡Pero no te quedes en eso! Tienes que ser alma —hombre, mujer— de realidades. Para llevar a cabo esos buenos deseos, necesitas formular propósitos claros, precisos.

—Y, después, hijo mío, ¡a luchar, para ponerlos en práctica, con la ayuda de Dios!

117 ¿Cómo haré yo para que mi amor al Señor continúe, para que aumente?, me preguntas encendido.

—Hijo, ir dejando el hombre viejo, también con la entrega gustosa de aquellas cosas, bue-

nas en sí mismas, pero que impiden el desprendimiento de tu yo...; decir al Señor, con obras y continuamente: "aquí me tienes, para lo que quieras".

118 ¡Santo! El hijo de Dios deberá exagerar en
virtud, si cabe en esto exageración..., porque los
demás se mirarán en él, como en un espejo y, sólo
apuntando muy alto, se quedarán ellos en el punto
medio.

119 No te avergüence descubrir que en el corazón tienes el «fomes peccati» —la inclinación al
mal, que te acompañará mientras vivas, porque nadie
está libre de esa carga.

No te avergüences, porque el Señor, que es
omnipotente y misericordioso, nos ha dado todos
los medios idóneos para superar esa inclinación:
los Sacramentos, la vida de piedad, el trabajo san-
tificado.

—Empléalos con perseverancia, dispuesto
a comenzar y recomenzar, sin desanimarte.

120 ¡Señor, líbrame de mí mismo!

121 El apóstol sin oración habitual y metódica
cae necesariamente en la tibieza..., y deja de ser
apóstol.

122 Señor, que desde ahora sea otro: que no sea "yo", sino "aquél" que Tú deseas.

—Que no te niegue nada de lo que me pidas. Que sepa orar. Que sepa sufrir. Que nada me preocupe, fuera de tu gloria. Que sienta tu presencia de continuo.

—Que ame al Padre. Que te desee a Ti, mi Jesús, en una permanente Comunión. Que el Espíritu Santo me encienda.

123 «Meus es tu» —eres mío, te ha manifestado el Señor.

—¡Que ese Dios, que es toda la hermosura y toda la sabiduría, toda la grandeza y toda la bondad, te diga a ti que eres suyo!..., ¡y que tú no le sepas responder!

124 No puedes admirarte si sientes, en tu vida, aquel peso del que hablaba San Pablo: "veo que hay otra ley en mis miembros que es contraria a la ley de mi mente".

—Acuérdate entonces de que eres de Cristo, y vete a la Madre de Dios, que es Madre tuya: no te abandonarán.

125 Recibe los consejos que te den en la dirección espiritual, como si viniesen del mismo Jesucristo.

126 Me has pedido una sugerencia para vencer en tus batallas diarias, y te he contestado: al abrir tu alma, cuenta en primer lugar lo que no querrías que se supiera. Así el diablo resulta siempre vencido.

—¡Abre tu alma con claridad y sencillez, de par en par, para que entre —hasta el último rincón— el sol del Amor de Dios!

127 Si el demonio mudo —del que nos habla el Evangelio— se mete en el alma, lo echa todo a perder. En cambio, si se le arroja inmediatamente, todo sale bien, se camina feliz, todo marcha.

—Propósito firme: "sinceridad salvaje" en la dirección espiritual, con delicada educación..., y que esa sinceridad sea inmediata.

128 Ama y busca la ayuda de quien lleva tu alma. En la dirección espiritual, pon al descubierto tu corazón, del todo —¡podrido, si estuviese podrido!—, con sinceridad, con ganas de curarte; si no, esa podredumbre no desaparecerá nunca.

Si acudes a una persona que sólo puede limpiar superficialmente la herida..., eres un cobarde, porque en el fondo vas a ocultar la verdad, en daño de ti mismo.

129 Nunca tengas miedo a decir la verdad, sin olvidar que algunas veces es mejor callar, por caridad con el prójimo. Pero no te calles jamás por desidia, por comodidad o por cobardía.

130 El mundo vive de la mentira; y hace veinte siglos que vino la Verdad a los hombres.

—¡Hay que decir la verdad!, y a eso hemos de ir los hijos de Dios. Cuando los hombres se acostumbren a proclamarla y a oírla, habrá más comprensión en esta tierra nuestra.

131 Sería una falsa caridad, diabólica, mentirosa caridad, ceder en cuestiones de fe. «Fortes in fide» —fuertes en la fe, firmes, como exige San Pedro.

—No es fanatismo, sino sencillamente vivir la fe: no entraña desamor para nadie. Cedemos en todo lo accidental, pero en la fe no cabe ceder: no podemos dar el aceite de nuestras lámparas, porque luego viene el Esposo y las encuentra apagadas.

132 Humildad y obediencia son condiciones indispensables para recibir la buena doctrina.

133 Acoge la palabra del Papa, con una adhesión religiosa, humilde, interna y eficaz: ¡hazle eco!

134 Ama, venera, reza, mortifícate —cada día con más cariño— por el Romano Pontífice, piedra basilar de la Iglesia, que prolonga entre todos los hombres, a lo largo de los siglos y hasta el fin de los tiempos, aquella labor de santificación y gobierno que Jesús confió a Pedro.

135 Tu más grande amor, tu mayor estima, tu más honda veneración, tu obediencia más rendida, tu mayor afecto ha de ser también para el Vice-Cristo en la tierra, para el Papa.

Hemos de pensar los católicos que, después de Dios y de nuestra Madre la Virgen Santísima, en la jerarquía del amor y de la autoridad, viene el Santo Padre.

136 Que la consideración diaria del duro peso que grava sobre el Papa y sobre los obispos, te urja a venerarles, a quererles con verdadero afecto, a ayudarles con tu oración.

137 Haz tu amor a la Virgen más vivo, más sobrenatural.

—No vayas a Santa María sólo a pedir. ¡Ve también a dar!: a darle afecto; a darle amor para su Hijo divino; a manifestarle ese cariño con

obras de servicio al tratar a los demás, que son
también hijos suyos.

138 Jesús es el modelo: ¡imitémosle!
—Imitémosle, sirviendo a la Iglesia Santa
y a todas las almas.

139 Al contemplar la escena de la Encarnación,
refuerza en tu alma la decisión de "la humildad
práctica". Mira que El se abajó, tomando nuestra
pobre naturaleza.
—Por eso, en cada jornada, has de reaccionar ¡inmediatamente!, con la gracia de Dios,
aceptando —queriendo— las humillaciones que
el Señor te depare.

140 ¡Vive la vida cristiana con naturalidad! Insisto: da a conocer a Cristo en tu conducta, como
reproduce la imagen un espejo normal, que no de-
forma, que no hace caricatura. —Si eres normal,
como ese espejo, reflejarás la vida de Cristo, y la
mostrarás a los demás.

141 Si eres fatuo, si te preocupas sólo de tu
personal comodidad, si centras la existencia de
los demás y aun la del mundo en ti mismo, no tie-

nes derecho a llamarte cristiano, ni a considerarte discípulo de Cristo: porque El marcó el límite de la exigencia en ofrecer por cada uno «et animam suam», el alma misma, la vida entera.

142 Procura que "la humildad de entendimiento" sea, para ti, un axioma.

Piénsalo despacio y... ¿verdad que no se comprende cómo puede haber "soberbios de entendimiento"? Bien lo explicaba aquel santo doctor de la Iglesia: "es un desorden detestable que, viendo el hombre a Dios hecho niño, él, sin embargo, quiera seguir pareciendo grande sobre la tierra".

143 En cuanto tengas a alguno a tu lado —sea quien sea—, busca el modo, sin hacer cosas raras, de contagiarle tu alegría de ser y de vivir como hijo de Dios.

144 Grande y hermosa es la misión de servir que nos confió el Divino Maestro. —Por eso, este buen espíritu —¡gran señorío!— se compagina perfectamente con el amor a la libertad, que ha de impregnar el trabajo de los cristianos.

145 Tú no puedes tratar con falta de misericordia a nadie: y, si te parece que una persona no es digna de esa misericordia, has de pensar que tú tampoco mereces nada.

—No mereces haber sido creado, ni ser cristiano, ni ser hijo de Dios, ni pertenecer a tu familia...

146 No descuides la práctica de la corrección fraterna, muestra clara de la virtud sobrenatural de la caridad. Cuesta; más cómodo es inhibirse; ¡más cómodo!, pero no es sobrenatural.

—Y de estas omisiones darás cuenta a Dios.

147 La corrección fraterna, cuando debas hacerla, ha de estar llena de delicadeza —¡de caridad!— en la forma y en el fondo, pues en aquel momento eres instrumento de Dios.

148 Si sabes querer a los demás y difundes ese cariño —caridad de Cristo, fina, delicada— entre todos, os apoyaréis unos a otros: y el que vaya a caer se sentirá sostenido —y urgido— con esa fortaleza fraterna, para ser fiel a Dios.

149 Fomenta tu espíritu de mortificación en los detalles de caridad, con afán de hacer amable a todos el camino de santidad en medio del mundo: una sonrisa puede ser, a veces, la mejor muestra del espíritu de penitencia.

150 Que sepas, a diario y con generosidad, fastidiarte alegre y discretamente para servir y para hacer agradable la vida a los demás.

　　—Este modo de proceder es verdadera caridad de Jesucristo.

151 Has de procurar que, donde estés, haya ese "buen humor" —esa alegría—, que es fruto de la vida interior.

152 Cuídame el ejercicio de una mortificación muy interesante: que tus conversaciones no giren en torno a ti mismo.

153 Un buen modo de hacer examen de conciencia:

　　—¿Recibí como expiación, en este día, las contradicciones venidas de la mano de Dios?; ¿las que me proporcionaron, con su carácter, mis compañeros?; ¿las de mi propia miseria?

—¿Supe ofrecer al Señor, como expiación, el mismo dolor, que siento, de haberle ofendido ¡tantas veces!?; ¿le ofrecí la vergüenza de mis interiores sonrojos y humillaciones, al considerar lo poco que adelanto en el camino de las virtudes?

154 Mortificaciones habituales, acostumbradas: ¡sí!, pero no seas monomaníaco.

—No han de limitarse necesariamente a las mismas: lo constante, lo habitual, lo acostumbrado —sin acostumbramiento— debe ser el espíritu de mortificación.

155 Tú quieres pisar sobre las huellas de Cristo, vestirte de su vestidura, identificarte con Jesús: pues que tu fe sea operativa y sacrificada, con obras de servicio, echando fuera lo que estorba.

156 La santidad tiene la flexibilidad de los músculos sueltos. El que quiere ser santo sabe desenvolverse de tal manera que, mientras hace una cosa que le mortifica, omite —si no es ofensa a Dios— otra que también le cuesta y da gracias al Señor por esta comodidad. Si los cristianos actuáramos de otro modo, correríamos el riesgo de volvernos tiesos, sin vida, como una muñeca de trapo.

La santidad no tiene la rigidez del cartón: sabe sonreír, ceder, esperar. Es vida: vida sobre-natural.

157 No me dejes, ¡Madre!: haz que busque a tu Hijo; haz que encuentre a tu Hijo; haz que ame a tu Hijo... ¡con todo mi ser! —Acuérdate, Señora, acuérdate.

DERROTA

158 Cuando tenemos turbia la vista, cuando los ojos pierden claridad, necesitamos ir a la luz. Y Jesucristo nos ha dicho que El es la Luz del mundo y que ha venido a curar a los enfermos.

—Por eso, que tus enfermedades, tus caídas —si el Señor las permite—, no te aparten de Cristo: ¡que te acerquen a El!

159 Por mi miseria, me quejaba yo a un amigo de que parece que Jesús está de paso... y de que me deja solo.

—Al instante, reaccioné con dolor, lleno de confianza: no es así, Amor mío: yo soy quien, sin duda, se apartó de Ti: ¡ya no más!

160 Suplica al Señor su gracia, para purificarte con Amor... y con la penitencia constante.

161 Dirígete a la Virgen, y pídele que te haga el regalo —prueba de su cariño por ti— de la contrición, de la compunción por tus pecados, y por los pecados de todos los hombres y mujeres de todos los tiempos, con dolor de Amor.

Y, con esa disposición, atrévete a añadir: Madre, Vida, Esperanza mía, condúceme con tu mano..., y si algo hay ahora en mí que desagrada a mi Padre-Dios, concédeme que lo vea y que, entre los dos, lo arranquemos.

Continúa sin miedo: ¡Oh clementísima, oh piadosa, oh dulce Virgen Santa María!, ruega por mí, para que, cumpliendo la amabilísima Voluntad de tu Hijo, sea digno de alcanzar y gozar las promesas de Nuestro Señor Jesús.

162 Madre mía del Cielo: haz que yo vuelva al fervor, al entregamiento, a la abnegación: en una palabra, al Amor.

163 ¡No me seas comodón! No esperes el año nuevo para tomar resoluciones: todos los días son buenos para las decisiones buenas. «Hodie, nunc!» —¡Hoy, ahora!

Suelen ser unos pobres derrotistas los que esperan el año nuevo para comenzar..., porque, además, luego... ¡no comienzan!

164 De acuerdo, has obrado mal por debilidad. —Pero no entiendo cómo no reaccionas con clara conciencia: no puedes hacer cosas malas, y decir —o pensar— que son santas, o que carecen de importancia.

165 Recuérdalo siempre: las potencias espirituales se nutren de lo que les proporcionan los sentidos. —¡Custódialos bien!

166 Pierdes la paz —¡y bien lo sabes!—, cuando consientes en puntos que entrañan descamino.

—¡Decídete a ser coherente y responsable!

167 El recuerdo, imborrable, de los favores recibidos de Dios debe ser siempre impulso vigoroso; y más aún en la hora de la tribulación.

168 Hay una sola enfermedad mortal, un solo error funesto: conformarse con la derrota, no saber luchar con espíritu de hijos de Dios. Si falta ese esfuerzo personal, el alma se paraliza y yace sola, incapaz de dar frutos...

—Con esa cobardía, obliga la criatura al Señor a pronunciar las palabras que El oyó del paralítico, en la piscina probática: «hominem non habeo!» —¡no tengo hombre!

—¡Qué vergüenza si Jesús no encontrara en ti el hombre, la mujer, que espera!

169 La lucha ascética no es algo negativo ni, por tanto, odioso, sino afirmación alegre. Es un deporte.

El buen deportista no lucha para alcanzar una sola victoria, y al primer intento. Se prepara, se entrena durante mucho tiempo, con confianza y serenidad: prueba una y otra vez y, aunque al principio no triunfe, insiste tenazmente, hasta superar el obstáculo.

170 Todo lo espero de Ti, Jesús mío: ¡conviérteme!

171 Cuando aquel sacerdote, nuestro amigo, firmaba "el pecador", lo hacía convencido de escribir la verdad.

—¡Dios mío, purifícame también a mí!

172 Si has cometido un error, pequeño o grande, ¡vuelve corriendo a Dios!

—Saborea las palabras del salmo: «cor contritum et humiliatum, Deus, non despicies» —el Señor jamás despreciará ni se desentenderá de un corazón contrito y humillado.

173 Dale vueltas, en tu cabeza y en tu alma: Señor, ¡cuántas veces, caído, me levantaste y, perdonado, me abrazaste contra tu Corazón!

Dale vueltas..., y no te separes de El nunca jamás.

174 Te ves como un pobrecito, a quien su amo ha quitado la librea —¡sólo pecador!—, y entiendes la desnudez sentida por nuestros primeros padres.

—Deberías estar siempre llorando. Y mucho has llorado; mucho has sufrido. Sin embargo eres muy feliz. No te cambiarías por nadie. Tu «gaudium cum pace» —tu alegría serena, desde hace muchos años, no la pierdes. La agradeces a Dios, y querrías llevar a todos el secreto de la felicidad.

—Sí: se comprende que muchas veces hayan dicho —aunque nada te importe el "qué dirán"— que eres "hombre de paz".

175 Algunos hacen sólo lo que está en las manos de unas pobres criaturas, y pierden el tiempo.
Se repite a la letra la experiencia de Pedro: «Prae-
ceptor, per totam noctem laborantes nihil cepi-
mus!» —Maestro, hemos trabajado toda la noche,
y no hemos pescado nada.

Si trabajan por su cuenta, sin unidad con la
Iglesia, sin la Iglesia, ¿qué eficacia tendrá ese
apostolado?: ¡ninguna!

—Han de persuadirse de que, ¡por su
cuenta!, nada podrán. Tú has de ayudarles a continuar escuchando el relato evangélico: «in verbo
autem tuo laxabo rete» —fiado en tu palabra, lan-
zaré la red. Entonces la pesca será abundante y
eficaz.

—¡Qué bonito es rectificar, cuando se ha
hecho, por cualquier motivo, un apostolado por
cuenta propia!

176 Escribes, y copio: "«Domine, tu scis quia
amo te!» —¡Señor, Tú sabes que te amo!: cuántas
veces, Jesús, repito y vuelvo a repetir, como una
letanía agridulce, esas palabras de tu Cefas: porque sé que te amo, pero ¡estoy tan poco seguro de
mí!, que no me atrevo a decírtelo claro. ¡Hay
tantas negaciones en mi vida perversa! «Tu scis,

Domine!» —¡Tú sabes que te amo! —Que mis obras, Jesús, nunca desdigan estos impulsos de mi corazón".

—Insiste en esta oración tuya, que ciertamente El oirá.

177 Repite confiadamente: Señor, ¡si mis lágrimas hubieran sido contrición!...

—Pídele con humildad que te conceda el dolor que deseas.

178 ¡Cuánta villanía en mi conducta, y cuánta infidelidad a la gracia!

—Madre mía, Refugio de pecadores, ruega por mí; que nunca más entorpezca la obra de Dios en mi alma.

179 ¡Tan cerca de Cristo, tantos años, y... tan pecador!

—La intimidad de Jesús contigo, ¿no te arranca sollozos?

180 No me falta la verdadera alegría, al contrario... Y, sin embargo, ante el conocimiento de la propia bajeza, resulta lógico clamar con San Pablo: "¡qué hombre tan infeliz soy!"

   —Así crecen las ansias de arrancar de raíz
la barrera que levanta el propio yo.

181 No te asustes, ni te desanimes, al descubrir
que tienes errores..., ¡y qué errores!

   —Lucha para arrancarlos. Y, mientras lu-
ches, convéncete de que es bueno que sientas todas esas debilidades, porque, si no, serías un soberbio: y la soberbia aparta de Dios.

182 Pásmate ante la bondad de Dios, porque
Cristo quiere vivir en ti..., también cuando perci-
bes todo el peso de la pobre miseria, de esta pobre carne, de esta vileza, de este pobre barro.

   —Sí, también entonces, ten presente esa
llamada de Dios: Jesucristo, que es Dios, que es
Hombre, me entiende y me atiende porque es mi
Hermano y mi Amigo.

183 Vives contento, muy feliz, aunque en ocasiones notes el zarpazo de la tristeza, e incluso
palpes casi habitualmente un sedimento real de
pesadumbre.

   —Pueden coexistir esa alegría y esa con-
goja, cada una en su "hombre": aquélla, en el
nuevo; la otra, en el viejo.

184 La humildad nace como fruto de conocer a Dios y de conocerse a sí mismo.

185 Señor, te pido un regalo: Amor..., un Amor que me deje limpio. —Y otro regalo aún: conocimiento propio, para llenarme de humildad.

186 Son santos los que luchan hasta el final de su vida: los que siempre se saben levantar después de cada tropiezo, de cada caída, para proseguir valientemente el camino con humildad, con amor, con esperanza.

187 Si tus errores te hacen más humilde, si te llevan a buscar con más fuerza el asidero de la mano divina, son camino de santidad: «felix culpa!» —¡bendita culpa!, canta la Iglesia.

188 La oración —¡aun la mía!— es omnipotente.

189 La humildad lleva, a cada alma, a no desanimarse ante los propios yerros.
          —La verdadera humildad lleva... ¡a pedir perdón!

190 Si yo fuera leproso, mi madre me abrazaría. Sin miedo ni reparo alguno, me besaría las llagas.

—Pues, ¿y la Virgen Santísima? Al sentir que tenemos lepra, que estamos llagados, hemos de gritar: ¡Madre! Y la protección de nuestra Madre es como un beso en las heridas, que nos alcanza la curación.

191 En el sacramento de la Penitencia, Jesús nos perdona.

—Ahí, se nos aplican los méritos de Cristo, que por amor nuestro está en la Cruz, extendidos los brazos y cosido al madero —más que con los hierros— con el Amor que nos tiene.

192 Si alguna vez caes, hijo, acude prontamente a la Confesión y a la dirección espiritual: ¡enseña la herida!, para que te curen a fondo, para que te quiten todas las posibilidades de infección, aunque te duela como en una operación quirúrgica.

193 La sinceridad es indispensable para adelantar en la unión con Dios.

—Si dentro de ti, hijo mío, hay un "sapo", ¡suéltalo! Di primero, como te aconsejo siempre, lo que no querrías que se supiera. Una vez que se ha soltado el "sapo" en la Confesión, ¡qué bien se está!

194 «Nam, et si ambulavero in medio umbrae mortis, non timebo mala» —aunque anduviere en medio de las sombras de la muerte, no tendré temor alguno. Ni mis miserias, ni las tentaciones del enemigo han de preocuparme, «quoniam tu mecum es» —porque el Señor está conmigo.

195 Al considerar ahora mismo mis miserias, Jesús, te he dicho: déjate engañar por tu hijo, como esos padres buenos, padrazos, que ponen en las manos de su niño el don que de ellos quieren recibir..., porque muy bien saben que los niños nada tienen.

—Y ¡qué alborozo el del padre y el del hijo, aunque los dos estén en el secreto!

196 Jesús, Amor, ¡pensar que puedo volver a ofenderte!... «Tuus sum ego..., salvum me fac!» —soy tuyo: ¡sálvame!

197 A ti, que te ves tan falto de virtudes, de talento, de condiciones..., ¿no te dan ganas de cla-

mar como Bartimeo, el ciego: ¡Jesús, hijo de David, ten compasión de mí!?

—Qué hermosa jaculatoria, para que la repitas muchas veces: ¡Señor, ten compasión de mí!

—Te oirá y te atenderá.

198 Alimenta en tu alma el afán de reparación, para conseguir cada día una contrición mayor.

199 Si eres fiel, podrás llamarte vencedor.

—En tu vida, aunque pierdas algunos combates, no conocerás derrotas. No existen fracasos —convéncete—, si obras con rectitud de intención y con afán de cumplir la Voluntad de Dios.

—Entonces, con éxito o sin éxito, triunfarás siempre, porque habrás hecho el trabajo con Amor.

200 Estoy seguro de que El acogió tu súplica humilde y encendida: ¡Oh, Dios mío!, no me importa el "qué dirán": perdón, por mi vida infame: ¡que yo sea santo!... Pero sólo para Ti.

201 En la vida del cristiano, "todo" tiene que ser para Dios: también las debilidades personales, ¡rectificadas!, que el Señor comprende y perdona.

202 ¿Qué te he hecho, Jesús, para que así me quieras? Ofenderte... y amarte.

—Amarte: a esto va a reducirse mi vida.

203 Todos esos consuelos del Amo, ¿no serán para que yo esté pendiente de El, sirviéndole en las cosas pequeñas, y poder así servirle en las grandes?

—Propósito: dar gusto al buen Jesús en los detalles minúsculos de la vida cotidiana.

204 Hay que amar a Dios, porque el corazón está hecho para amar. Por eso, si no lo ponemos en Dios, en la Virgen, Madre nuestra, en las almas..., con un afecto limpio, el corazón se venga..., y se convierte en una gusanera.

205 Di al Señor, con todas las veras de tu alma: a pesar de todas mis miserias, estoy ¡loco de Amor!, estoy ¡borracho de Amor!

206 Dolido de tanta caída, de aquí en adelante —con la ayuda de Dios— estaré siempre en la Cruz.

207 Lo que perdió la carne, páguelo la carne: haz penitencia generosa.

208 Invoca al Señor, suplicándole el espíritu de penitencia propio del que todos los días se sabe vencer, ofreciéndole calladamente y con abnegación ese vencimiento constante.

209 Repite en tu oración personal, cuando sientas la flaqueza de la carne: ¡Señor, Cruz para este pobre cuerpo mío, que se cansa y que se subleva!

210 Qué buena razón la de aquel sacerdote, cuando predicaba así: "Jesús me ha perdonado toda la muchedumbre de mis pecados —¡cuánta generosidad!—, a pesar de mi ingratitud. Y, si a María Magdalena le fueron perdonados muchos pecados, porque amó mucho, a mí, que todavía me ha perdonado más, ¡qué gran deuda de amor me queda!"

¡Jesús, hasta la locura y el heroísmo! Con tu gracia, Señor, aunque me sea preciso morir por Ti, ya no te abandonaré.

211 Lázaro resucitó porque oyó la voz de Dios: y enseguida quiso salir de aquel estado. Si no hubiera "querido" moverse, habría muerto de nuevo.

Propósito sincero: tener siempre fe en Dios; tener siempre esperanza en Dios; amar siempre a Dios..., que nunca nos abandona, aunque estemos podridos como Lázaro.

212 Admira esta paradoja amable de la condición de cristiano: nuestra propia miseria es la que nos lleva a refugiarnos en Dios, a "endiosarnos", y con El lo podemos todo.

213 Cuando hayas caído, o te encuentres agobiado por la carga de tus miserias, repite con segura esperanza: Señor, mira que estoy enfermo; Señor, Tú, que por amor has muerto en la Cruz por mí, ven a curarme.

Confía, insisto: persevera llamando a su Corazón amantísimo. Como a los leprosos del Evangelio, te dará la salud.

214 Llénate de confianza en Dios y ten, cada día más hondo, un gran deseo de no huir jamás de El.

215 Virgen Inmaculada, ¡Madre!, no me abandones: mira cómo se llena de lágrimas mi pobre corazón. —¡No quiero ofender a mi Dios!

—Ya sé, y pienso que no lo olvidaré nunca, que no valgo nada: ¡cuánto me pesa mi poquedad, mi soledad! Pero... no estoy solo: tú, Dulce Señora, y mi Padre Dios no me dejáis.

Ante la rebelión de mi carne y ante las razones diabólicas contra mi Fe, amo a Jesús y creo: Amo y Creo.

PESIMISMO

216 Con la gracia de Dios, tú has de acometer y realizar lo imposible..., porque lo posible lo hace cualquiera.

217 Rechaza tu pesimismo y no consientas pesimistas a tu lado. —Es preciso servir a Dios con alegría y con abandono.

218 Aparta de ti esa prudencia humana que te hace tan precavido, ¡perdóname!, tan cobarde.

—¡No seamos personas de vía estrecha, hombres o mujeres menores de edad, cortos de

vista, sin horizonte sobrenatural...! ¿Acaso trabajamos para nosotros? ¡No!

Pues, entonces, digamos sin miedo: Jesús
de mi alma, trabajamos para Ti, y... ¿nos vas a ne-
gar los medios materiales? Bien conoces lo ruines
que somos; sin embargo, yo no me conduciría así
con un criado que me sirviera...

Por eso, esperamos, estamos seguros de
que nos darás lo necesario para servirte.

219 Acto de fe: ¡contra El no se puede! ¡Ni
contra los suyos!
—No lo olvides.

220 No te desalientes, ¡adelante!, adelante con
una tozudez que es santa y que se llama, en lo espiritual, perseverancia.

221 Dios mío: siempre acudes a las necesidades verdaderas.

222 No vas peor. —Es que ahora tienes más luces para conocerte: ¡evita hasta el más pequeño
asomo de desánimo!

223 En el camino de la santificación personal,
se puede a veces tener la impresión de que, en lu-

gar de avanzar, se retrocede; de que, en vez de mejorar, se empeora.

Mientras haya lucha interior, ese pensamiento pesimista es sólo una falsa ilusión, un engaño, que conviene rechazar.

—Persevera tranquilo: si peleas con tenacidad, progresas en tu camino y te santificas.

224 Sequedad interior no es tibieza. En el tibio, el agua de la gracia no empapa, resbala... En cambio, hay secanos en apariencia áridos que, con pocas gotas de lluvia, se colman a su tiempo de flores y de sabrosos frutos.

Por eso, ¿cuándo nos convenceremos?: ¡qué importancia tiene la docilidad a las llamadas divinas de cada instante, porque Dios nos espera precisamente ahí!

225 Ten picardía santa: no aguardes a que el Señor te envíe contrariedades; adelántate tú, con la expiación voluntaria. —Entonces no las acogerás con resignación —que es palabra vieja—, sino con Amor: palabra eternamente joven.

226 Hoy, por vez primera, has tenido la sensación de que todo se hace más sencillo, de que se te "descomplica" todo: ves eliminados, por fin, problemas que te preocupaban. Y comprendes que estarán más y mejor resueltos, cuanto más te abandones en los brazos de tu Padre Dios.

¿A qué esperas para conducirte siempre —¡éste ha de ser el motivo de tu vivir!— como un hijo de Dios?

227 Dirígete a la Virgen —Madre, Hija, Esposa de Dios, Madre nuestra—, y pídele que te obtenga de la Trinidad Beatísima más gracias: la gracia de la fe, de la esperanza, del amor, de la contrición, para que, cuando en la vida parezca que sopla un viento fuerte, seco, capaz de agostar esas flores del alma, no agoste las tuyas..., ni las de tus hermanos.

228 ¡Llénate de fe, de seguridad! —Nos lo dice el Señor por boca de Jeremías: «orabitis me, et ego exaudiam vos» —siempre que acudáis a Mí, ¡siempre que hagáis oración!, Yo os escucharé.

229 Todo lo refiero a Ti, Dios mío. Sin Ti —que eres mi Padre—, ¿qué sería de mí?

230 Déjame que te dé un consejo de alma experimentada: tu oración —tu vida ha de ser orar siempre— debe tener la confianza de "la oración de un niño".

231 Presentan a Jesús un enfermo, y El le mira. —Contempla bien la escena y medita sus palabras: «confide, fili» —ten confianza, hijo.

Eso te dice el Señor, cuando sientes el peso de los errores: ¡fe! La fe es lo primero; después, dejarse llevar como el paralítico: ¡obediencia interior y sumisa!

232 Hijo, por tus propias fuerzas, no puedes nada en el terreno sobrenatural; pero, siendo instrumento de Dios, ¡lo podrás todo!: «omnia possum in eo qui me confortat!» —¡todo lo puedo en Aquél que me conforta!, pues El quiere, por su bondad, utilizar instrumentos ineptos, como tú y como yo.

233 Siempre que hagas oración, esfuérzate por tener la fe de los enfermos del Evangelio. Debes estar seguro de que Jesús te escucha.

234 ¡Madre mía! Las madres de la tierra miran con mayor predilección al hijo más débil, al más enfermo, al más corto, al pobre lisiado...

—¡Señora!, yo sé que tú eres más Madre que todas las madres juntas... —Y, como yo soy tu hijo... Y, como yo soy débil, y enfermo... y lisiado... y feo...

235 Nos falta fe. El día en que vivamos esta virtud —confiando en Dios y en su Madre—, seremos valientes y leales. Dios, que es el Dios de siempre, obrará milagros por nuestras manos.

—¡Dame, oh Jesús, esa fe, que de verdad deseo! Madre mía y Señora mía, María Santísima, ¡haz que yo crea!

236 Una firme resolución: abandonarme en Jesucristo, con todas mis miserias. Y lo que Él quiera, en cada instante, «fiat!» —¡sea!

237 Nunca te desalientes, porque el Señor está siempre dispuesto a darte la gracia necesaria para esa nueva conversión que necesitas, para esa ascensión en el terreno sobrenatural.

238 ¡Dios sea bendito!, te decías después de acabar tu Confesión sacramental. Y pensabas: es como si volviera a nacer.

Luego, proseguiste con serenidad: «Domine, quid me vis facere?» —Señor, ¿qué quieres que haga?

—Y tú mismo te diste la respuesta: con tu gracia, por encima de todo y de todos, cumpliré tu Santísima Voluntad: «serviam!» —¡te serviré sin condiciones!

239 Narra el Evangelista que los Magos, «videntes stellam» —al ver de nuevo la estrella—, se llenaron de una gran alegría.

—Se alegran, hijo, con ese gozo inmenso, porque han hecho lo que debían; y se alegran porque tienen la seguridad de que llegarán hasta el Rey, que nunca abandona a quienes le buscan.

240 Cuando ames de verdad la Voluntad de Dios, no dejarás de ver, aun en los momentos de mayor trepidación, que nuestro Padre del Cielo está siempre cerca, muy cerca, a tu lado, con su Amor eterno, con su cariño infinito.

241 Si el panorama de tu vida interior, de tu alma, está oscuro, déjate conducir de la mano, como hace el ciego.

—El Señor, con el tiempo, premia esta humillación de rendir la cabeza, dando claridad.

242 Tener miedo a algo o a alguien, pero especialmente a quien dirige nuestra alma, es impro-
pio de un hijo de Dios.

243 ¿No te conmueve oír una palabra de cariño
para tu madre?

—Pues al Señor le ocurre igual. No podemos separar a Jesús de su Madre.

244 En momentos de agotamiento, de hastío,
acude confiadamente al Señor, diciéndole, como
aquel amigo nuestro: "Jesús: Tú verás lo que haces...: antes de comenzar la lucha, ya estoy cansado".

—El te dará su fuerza.

245 Si no hay dificultades, las tareas no tienen
gracia humana..., ni sobrenatural. —Si, al clavar
un clavo en la pared, no encuentras oposición,
¿qué podrás colgar ahí?

246 Parece mentira que un hombre como tú
—que te sabes nada, dices— se atreva a poner
obstáculos a la gracia de Dios.

Eso es lo que haces con tu falsa humildad,
con tu "objetividad", con tu pesimismo.

247 Dame gracia para dejar todo lo que se refiere a mi persona. Yo no debo tener más preocupaciones que tu Gloria..., en una palabra, tu Amor. —¡Todo por Amor!

248 "Oyendo esto —que ha venido a la tierra el Rey—, Herodes se turbó, y con él toda Jerusalén".

¡Es la vida cotidiana! Esto mismo sucede ahora: ante la grandeza de Dios, que se manifiesta de mil modos, no faltan personas —incluso constituidas en autoridad— que se turban. Porque... no aman del todo a Dios; porque no son personas que desean encontrarle de veras; porque no quieren seguir sus inspiraciones, y se hacen obstáculo en el camino divino.

—Estáte prevenido, sigue trabajando, no te preocupes, busca al Señor, reza..., y El triunfará.

249 No estás solo. —Ni tú ni yo podemos encontrarnos solos. Y menos, si vamos a Jesús por María, pues es una Madre que nunca nos abandonará.

250 Cuando te parezca que el Señor te abandona, no te entristezcas: ¡búscale con más empeño! El, el Amor, no te deja solo.

—Persuádete de que "te deja solo" por Amor, para que veas con claridad en tu vida lo que es suyo y lo que es tuyo.

251 Me decías: "me veo, no sólo incapaz de ir adelante en el camino, sino incapaz de salvarme —¡pobre alma mía!—, sin un milagro de la gracia. Estoy frío y —peor— como indiferente: igual que si fuera un espectador de «mi caso», a quien nada importara lo que contempla. ¿Serán estériles estos días?

Y, sin embargo, mi Madre es mi Madre, y Jesús es —¿me atrevo?— ¡mi Jesús! Y hay almas santas, ahora mismo, pidiendo por mí".

—Sigue andando de la mano de tu Madre, te repliqué, y "atrévete" a decirle a Jesús que es tuyo. Por su bondad, El pondrá luces claras en tu alma.

252 Dame, Jesús, Cruz sin cirineos. Digo mal: tu gracia, tu ayuda me hará falta, como para todo; sé Tú mi Cirineo. Contigo, mi Dios, no hay prueba que me espante...

—Pero, ¿y si la Cruz fuera el tedio, la tristeza? —Yo te digo, Señor, que, Contigo, estaría alegremente triste.

253 No perdiéndote a Ti, para mí no habrá pena que sea pena.

254 A nadie niega Jesús su palabra, y es una palabra que sana, que consuela, que ilumina.

—Para que tú y yo lo recordemos siempre, también cuando nos encontremos fatigados por el peso del trabajo o de la contradicción.

255 No esperes por tu labor el aplauso de las gentes.

—¡Más!: no esperes siquiera, a veces, que te comprendan otras personas e instituciones, que también trabajan por Cristo.

—Busca sólo la gloria de Dios y, amando a todos, no te preocupe que otros no te entiendan.

256 Si hay montes, obstáculos, incomprensiones, trapisondas, que satanás quiere y el Señor permite, has de tener fe, fe con obras, fe con sacrificio, fe con humildad.

257 Ante la aparente esterilidad del apostolado, te asaltan las vanguardias de una oleada de desaliento, que tu fe rechaza con firmeza... —Pero te das cuenta de que necesitas más fe, humilde, viva y operativa.

Tú, que deseas la salud de las almas, grita como el padre de aquel muchacho enfermo, poseído por el diablo: «Domine, adiuva incredulitatem meam!» —¡Señor, ayuda mi incredulidad! No lo dudes: se repetirá el milagro.

258 Qué bonita oración, para que la repitas con frecuencia, la de aquel amigo que pedía por un sacerdote encarcelado por odio a la religión: "Dios mío, consuélale, porque sufre persecución por Ti. ¡Cuántos sufren, porque te sirven!"

—¡Qué alegría da la Comunión de los Santos!

259 Esas medidas, que toman algunos gobiernos para asegurarse de la muerte de la fe en sus países, me recuerdan los sellos del Sanedrín en el Sepulcro de Jesús.

—El, que no estaba sujeto a nada ni a nadie, a pesar de esas trabas, ¡resucitó!

260 La solución es amar. San Juan Apóstol escribe unas palabras que a mí me hieren mucho: «qui autem timet, non est perfectus in caritate». Yo lo traduzco así, casi al pie de la letra: el que tiene miedo, no sabe querer.

—Luego tú, que tienes amor y sabes querer, ¡no puedes tener miedo a nada! —¡Adelante!

261 Dios está contigo. En tu alma en gracia habita la Trinidad Beatísima.

—Por eso, tú, a pesar de tus miserias, puedes y debes estar en continua conversación con el Señor.

262 Has de orar siempre, siempre.

—Has de sentir la necesidad de acudir a Dios, después de cada éxito y de cada fracaso, en la vida interior.

263 Que tu oración sea siempre un sincero y real acto de adoración a Dios.

264 Al traerte a la Iglesia, el Señor ha puesto en tu alma un sello indeleble, por medio del Bautismo: eres hijo de Dios. —No lo olvides.

265 Dale muchas gracias a Jesús, porque por El, con El y en El, tú te puedes llamar hijo de Dios.

266 Si nos sentimos hijos predilectos de nuestro Padre de los Cielos, ¡que eso somos!, ¿cómo no vamos a estar alegres siempre? —Piénsalo.

267 Cuando daba la Sagrada Comunión, aquel sacerdote sentía ganas de gritar: ¡ahí te entrego la Felicidad!

268 Agiganta tu fe en la Sagrada Eucaristía. —¡Pásmate ante esa realidad inefable!: tenemos a Dios con nosotros, podemos recibirle cada día y, si queremos, hablamos íntimamente con El, como se habla con el amigo, como se habla con el hermano, como se habla con el padre, como se habla con el Amor.

269 ¡Qué hermosa es nuestra vocación de cristianos —¡de hijos de Dios!—, que nos trae en la tierra la alegría y la paz que el mundo no puede dar!

270 Dame, Señor, el amor con que quieres que te ame.

271 Aquella mañana —para superar la sombra de pesimismo que te asaltaba— también insististe, como haces a diario..., pero te "metiste" más con tu Angel. Le echaste piropos y le dijiste que te enseñara a amar a Jesús, siquiera, siquiera, como le ama él... Y te quedaste tranquilo.

272 A tu Madre María, a San José, a tu Angel Custodio... ruégales que hablen al Señor, diciéndole lo que, por tu torpeza, tú no sabes expresar.

273 Llénate de seguridad: nosotros tenemos por Madre a la Madre de Dios, la Santísima Virgen María, Reina del Cielo y del Mundo.

274 Jesús nació en una gruta de Belén, dice la Escritura, "porque no hubo lugar para ellos en el mesón".

—No me aparto de la verdad teológica, si te digo que Jesús está buscando todavía posada en tu corazón.

275 El Señor está en la Cruz, diciendo: Yo padezco para que mis hermanos los hombres sean felices, no sólo en el Cielo, sino también —en lo posible— en la tierra, si acatan la Santísima Voluntad de mi Padre celestial.

276 Es verdad que tú no pones nada de tu parte, que en tu alma todo lo hace Dios.

—Pero que, desde el punto de vista de tu correspondencia, no sea así.

277 Ejercítate en la virtud de la esperanza, perseverando —por Dios, y aunque te cueste— en tu trabajo bien acabado, con el convencimiento de que tu esfuerzo no es inútil ante el Señor.

278 Cuando en tu lucha diaria, compuesta ordinariamente de muchos pocos, hay deseos y realidades de agradar a Dios de continuo, te lo aseguro: ¡nada se pierde!

279 Piensa, porque es así: ¡qué bueno es el Señor, que me ha buscado, que me ha hecho conocer este camino santo para ser eficaz, para amar a las criaturas todas y darles la paz y la alegría!

—Este pensamiento ha de concretarse luego en propósitos.

280 Sabes que no te faltará la gracia de Dios, porque te ha escogido desde la eternidad. Y, si te ha tratado así, te concederá todos los auxilios, para que le seas fiel, como hijo suyo.

—Camina, pues, con seguridad y con correspondencia actual.

281 Pido a la Madre de Dios que nos sepa, que nos quiera sonreír..., y nos sonreirá.

Y, además, en la tierra premiará nuestra generosidad con el mil por uno: ¡el mil por uno, le pido!

282 Practica una caridad alegre, dulce y recia, humana y sobrenatural; caridad afectuosa, que sepa acoger a todos con una sincera sonrisa habitual; que sepa comprender las ideas y los sentimientos de los demás.

—Así, suavemente y fuertemente, sin ceder en la conducta personal ni en la doctrina, la caridad de Cristo —bien vivida— te dará el espíritu de conquista: tendrás cada día más hambre de trabajo por las almas.

283 Hijo, te decía seguro: para pegar nuestra "locura" a otros apóstoles, no se me ocultan los "obstáculos" que encontraremos. Algunos podrán parecer insuperables..., mas «inter medium montium pertransibunt aquae» —las aguas pasarán a través de las montañas: el espíritu sobrenatural y el ímpetu de nuestro celo horadarán los montes, y superaremos esos obstáculos.

284 "¡Dios mío, Dios mío! Todos igualmente queridos, por Ti, en Ti y Contigo: y, ahora, todos dispersos", te quejabas, al verte de nuevo solo y sin medios humanos.

—Pero inmediatamente el Señor puso en tu alma la seguridad de que El lo resolvería. Y le dijiste: ¡Tú lo arreglarás!

—Efectivamente, el Señor dispuso todo antes, más y mejor de lo que tú esperabas.

285 Es justo que el Padre y el Hijo y el Espíritu Santo coronen a la Virgen como Reina y Señora de todo lo creado.

—¡Aprovéchate de ese poder! y, con atrevimiento filial, únete a esa fiesta del Cielo. —Yo, a la Madre de Dios y Madre mía, la corono con mis miserias purificadas, porque no tengo piedras preciosas ni virtudes.

—¡Anímate!

¡PUEDES!

286 Quiero prevenirte ante una dificultad que quizá puede presentarse: la tentación del cansancio, del desaliento.

—¿No está fresco aún el recuerdo de una vida —la tuya— sin rumbo, sin meta, sin salero, que la luz de Dios y tu entrega han encauzado y llenado de alegría?

—No cambies tontamente esto por aquello.

287 Si notas que no puedes, por el motivo que sea, dile, abandonándote en El: ¡Señor, confío en Ti, me abandono en Ti, pero ayuda mi debilidad!

Y lleno de confianza, repítele: mírame, Jesús, soy un trapo sucio; la experiencia de mi vida es tan triste, no merezco ser hijo tuyo. Díselo...; y díselo muchas veces.

—No tardarás en oír su voz: «ne timeas!» —¡no temas!; o también: «surge et ambula!» —¡levántate y anda!

288 Me comentabas, todavía indeciso: ¡cómo se notan esos tiempos en los que el Señor me pide más!

—Sólo se me ocurrió recordarte: me asegurabas que únicamente querías identificarte con El, ¿por qué te resistes?

289 Ojalá sepas cumplir ese propósito que te has fijado: "morir un poco a mí mismo, cada día".

290 La alegría, el optimismo sobrenatural y humano, son compatibles con el cansancio físico, con el dolor, con las lágrimas —porque tenemos corazón—, con las dificultades en nuestra vida interior o en la tarea apostólica.

El, «perfectus Deus, perfectus Homo» —perfecto Dios y perfecto Hombre—, que tenía toda la felicidad del Cielo, quiso experimentar la fatiga y el cansancio, el llanto y el dolor..., para que entendamos que ser sobrenaturales supone ser muy humanos.

291 Te pide Jesús oración... Lo ves claro.

—Sin embargo, ¡qué falta de correspondencia! Te cuesta mucho todo: eres como el niño que tiene pereza de aprender a andar. Pero en tu caso, no es sólo pereza. Es también miedo, falta de generosidad.

292 Repite con frecuencia: Jesús, si alguna vez se insinúa en mi alma la duda entre lo que Tú me pides o seguir otras ambiciones nobles, te digo desde ahora que prefiero tu camino, cueste lo que cueste. ¡No me dejes!

293 Busca la unión con Dios, y llénate de esperanza —¡virtud segura!—, porque Jesús, con las luces de su misericordia, te alumbrará, aun en la noche más oscura.

294 Así discurría tu oración: "me pesan mis miserias, pero no me agobian porque soy hijo de Dios. Expiar. Amar... Y —añadías— deseo servirme de mi debilidad, como San Pablo, persuadido de que el Señor no abandona a los que en El confían".

—Sigue así, te confirmé, porque —con la gracia de Dios— podrás, y superarás tus miserias y tus pequeñeces.

295 Cualquier momento es propicio para hacer un propósito eficaz, para decir creo, para decir espero, para decir amo.

296 Aprende a alabar al Padre y al Hijo y al Espíritu Santo. Aprende a tener una especial devoción a la Santísima Trinidad: creo en Dios Padre, creo en Dios Hijo, creo en Dios Espíritu Santo; espero en Dios Padre, espero en Dios Hijo, espero en Dios Espíritu Santo; amo a Dios Padre, amo a Dios Hijo, amo a Dios Espíritu Santo. Creo, espero y amo a la Trinidad Beatísima.

—Hace falta esta devoción como un ejercicio sobrenatural del alma, que se traduce en actos del corazón, aunque no siempre se vierta en palabras.

297 El sistema, el método, el procedimiento, la única manera de que tengamos vida —abundante y fecunda en frutos sobrenaturales— es seguir el

consejo del Espíritu Santo, que nos llega a través de los Hechos de los Apóstoles: «omnes erant perseverantes unanimiter in oratione» —todos perseveraban unánimemente en la oración.

—Sin oración, ¡nada!

298 Mi Señor Jesús tiene un Corazón más sensible que todos los corazones de todos los hombres buenos juntos. Si un hombre bueno (medianamente bueno) sabe que una determinada persona le quiere, sin esperar satisfacción o premio alguno (ama por amar); y conoce también que esta persona sólo desea que él no se oponga a ser amado, aunque sea de lejos..., no tardará en corresponder a un amor tan desinteresado.

—Si el Amado es tan poderoso que lo puede todo, estoy seguro de que, además de terminar por rendirse ante el amor fiel de la criatura (a pesar de las miserias de esa pobre alma), dará al amante la hermosura, la ciencia, y el poder sobrehumanos que sean precisos, para que los ojos de Jesús no se manchen, al fijarse en el pobre corazón que le adora.

—Niño, ama: ama y espera.

299 Si con sacrificio siembras Amor, también recogerás Amor.

300 Niño: ¿no te enciendes en deseos de hacer que todos le amen?

301 Jesús-niño, Jesús-adolescente: me gusta verte así, Señor, porque... me atrevo a más. Me gusta verte chiquitín, como desamparado, para hacerme la ilusión de que me necesitas.

302 Siempre que entro en el oratorio, le digo al Señor —he vuelto a ser niño— que le quiero más que nadie.

303 Qué estupenda es la eficacia de la Sagrada Eucaristía, en la acción —y antes en el espíritu— de las personas que la reciben con frecuencia y piadosamente.

304 Si aquellos hombres, por un trozo de pan —aun cuando el milagro de la multiplicación sea muy grande—, se entusiasman y te aclaman, ¿qué deberemos hacer nosotros por los muchos dones que nos has concedido, y especialmente porque te nos entregas sin reserva en la Eucaristía?

305 Niño bueno: los amadores de la tierra ¡cómo besan las flores, la carta, el recuerdo del que aman!...

—Y tú, ¿podrás olvidarte alguna vez de que le tienes siempre a tu lado... ¡a El!? —¿Te olvidarás... de que le puedes comer?

306 Asoma muchas veces la cabeza al oratorio, para decirle a Jesús: ...me abandono en tus brazos.
—Deja a sus pies lo que tienes: ¡tus miserias!
—De este modo, a pesar de la turbamulta de cosas que llevas detrás de ti, nunca me perderás la paz.

307 Reza seguro con el Salmista: "¡Señor, Tú eres mi refugio y mi fortaleza, confío en Ti!"
Te garantizo que El te preservará de las insidias del "demonio meridiano" —en las tentaciones y... ¡en las caídas!—, cuando la edad y las virtudes tendrían que ser maduras, cuando deberías saber de memoria que sólo El es la Fortaleza.

308 ¿Tú piensas que en la vida se agradece un servicio prestado de mala gana? Evidentemente, no. Y hasta se llega a concluir: sería mejor que no lo hiciera.
—¿Y tú consideras que puedes servir a Dios con mala cara? ¡No! —Has de servirle con

alegría, a pesar de tus miserias, que ya las quitaremos con la ayuda divina.

309 Te asaltan dudas, tentaciones con facha elegante.

—Me gusta oírte: se ve que el demonio te considera enemigo, y que la gracia de Dios no te desampara. ¡Sigue luchando!

310 La mayor parte de los que tienen problemas personales, "los tienen" por el egoísmo de pensar en sí mismos.

311 Parece que hay calma. Pero el enemigo de Dios no duerme...

—¡También el Corazón de Jesús vela! Esa es mi esperanza.

312 La santidad está en la lucha, en saber que tenemos defectos y en tratar heroicamente de evitarlos.

La santidad —insisto— está en superar esos defectos..., pero nos moriremos con defectos: si no, ya te lo he dicho, seríamos unos soberbios.

313 ¡Gracias Señor, porque —al permitir la tentación— nos das también la hermosura y la fortaleza de tu gracia, para que seamos vencedores! ¡Gracias, Señor, por las tentaciones, que permites para que seamos humildes!

314 No me abandones, Señor mío: ¿no ves a qué abismo sin fondo iría a parar este pobre hijo tuyo?
—Madre mía: soy también hijo tuyo.

315 No se puede llevar una vida limpia sin la ayuda divina. Dios quiere nuestra humildad, quiere que le pidamos su ayuda, a través de nuestra Madre y Madre suya.

Tienes que decir a la Virgen, ahora mismo, en la soledad acompañada de tu corazón, hablando sin ruido de palabras: Madre mía, este pobre corazón mío se rebela algunas veces... Pero si tú me ayudas... —Y te ayudará, para que lo guardes limpio y sigas por el camino a que Dios te ha llamado: la Virgen te facilitará siempre el cumplimiento de la Voluntad de Dios.

316 Para custodiar la santa pureza, la limpieza de vida, has de amar y practicar la mortificación diaria.

317 Cuando sientas el aguijón de la pobre carne, que a veces ataca con violencia, besa el Crucifijo, ¡bésalo muchas veces!, con eficacia de voluntad, aunque te parezca que lo haces sin amor.

318 Ponte cada día delante del Señor y, como aquel hombre necesitado del Evangelio, dile despacio, con todo el afán de tu corazón: «Domine, ut videam!» —¡Señor, que vea!; que vea lo que Tú esperas de mí y luche para serte fiel.

319 Dios mío, ¡qué fácil es perseverar, sabiendo que Tú eres el Buen Pastor, y nosotros —tú y yo...— ovejas de tu rebaño!

—Porque bien nos consta que el Buen Pastor da su vida entera por cada una de sus ovejas.

320 Hoy, en tu oración, te confirmaste en el propósito de hacerte santo. Te entiendo cuando añades, concretando: sé que lo lograré: no porque esté seguro de mí, Jesús, sino porque... estoy seguro de Ti.

321 Tú, solo, sin contar con la gracia, no podrás nada de provecho, porque habrás cortado el camino de las relaciones con Dios.

—Con la gracia, en cambio, lo puedes todo.

322 ¿Quieres aprender de Cristo y tomar ejemplo de su vida? —Abre el Santo Evangelio, y escucha el diálogo de Dios con los hombres..., contigo.

323 Jesús sabe bien lo que conviene..., y yo amo y amaré siempre su Voluntad. El es el que maneja "los muñecos" y, si es un medio para nuestro fin, a pesar de esos hombres sin Dios que se empeñan en poner obstáculos, me dará lo que pido.

324 La fe verdadera se descubre por la humildad.

«Dicebat enim intra se» —decía aquella pobrecita mujer dentro de sí: «si tetigero tantum vestimentum eius, salva ero» —con sólo que toque la orla de su vestidura, quedaré sana.

—¡Qué humildad la suya, fruto y señal de su fe!

325 Si Dios te da la carga, Dios te dará la fuerza.

326 Invoca al Espíritu Santo en el examen de conciencia, para que tú conozcas más a Dios, para que te conozcas a ti mismo, y de esta manera puedas convertirte cada día.

327 Dirección espiritual. No te opongas a que, con sentido sobrenatural y con santa desvergüenza, revuelvan en tu alma, para comprobar hasta qué punto puedes —¡y quieres!— dar gloria a Dios.

328 «Quomodo fiet istud quoniam virum non cognosco?» —¿cómo podrá obrarse este prodigio, si no conozco varón? Pregunta de María al Angel, que es reflejo de su Corazón sincero.

Mirando a la Virgen Santa, me he confirmado en una norma clara: para tener paz y vivir en paz, hemos de ser muy sinceros con Dios, con quienes dirigen nuestra alma y con nosotros mismos.

329 El niño bobo llora y patalea, cuando su madre cariñosa hinca un alfiler en su dedo para sacar la espina que lleva clavada... El niño discreto, quizá con los ojos llenos de lágrimas —porque la carne es flaca—, mira agradecido a su madre buena, que le hace sufrir un poco, para evitar mayores males.

—Jesús, que sea yo niño discreto.

330 Niño, pobre borrico: si, con Amor, el Señor ha limpiado tus negras espaldas, acostumbradas al estiércol, y te carga de aparejos de raso y sobre ellos pone joyas deslumbrantes, ¡pobre borrico!, no olvides que "puedes", por tu culpa, arrojar la hermosa carga por los suelos..., pero tú solo "no puedes" volvértela a cargar.

331 Descansa en la filiación divina. Dios es un Padre —¡tu Padre!— lleno de ternura, de infinito amor.

—Llámale Padre muchas veces, y dile —a solas— que le quieres, ¡que le quieres muchísimo!: que sientes el orgullo y la fuerza de ser hijo suyo.

332 La alegría es consecuencia necesaria de la filiación divina, de sabernos queridos con predilección por nuestro Padre Dios, que nos acoge, nos ayuda y nos perdona.

—Recuérdalo bien y siempre: aunque alguna vez parezca que todo se viene abajo, ¡no se viene abajo nada!, porque Dios no pierde batallas.

333 La mayor muestra de agradecimiento a Dios es amar apasionadamente nuestra condición de hijos suyos.

334 Estás como el pobrete que de pronto se entera de que es ¡hijo del Rey! —Por eso, ya sólo te preocupa en la tierra la Gloria —toda la Gloria— de tu Padre Dios.

335 Niño amigo, dile: Jesús, sabiendo que te quiero y que me quieres, lo demás nada me importa: todo va bien.

336 —Mucho he pedido a la Señora, me asegurabas. Y te corregías: digo mal, mucho he expuesto a la Señora.

337 "Todo lo puedo en Aquél que me conforta". Con El no hay posibilidad de fracaso, y de esta persuasión nace el santo "complejo de superioridad" para afrontar las tareas con espíritu de vencedores, porque nos concede Dios su fortaleza.

338 Ante el lienzo, con afanes de superación, exclamaba aquel artista: Señor, quiero colorearte treinta y ocho corazones, treinta y ocho ángeles

rompiéndose siempre de amor por Ti: treinta y ocho maravillas bordadas en tu cielo, treinta y ocho soles en tu manto, treinta y ocho fuegos, treinta y ocho amores, treinta y ocho locuras, treinta y ocho alegrías...

Después, humilde, reconocía: eso es la imaginación y el deseo. La realidad son treinta y ocho figuras poco logradas que, más que dar satisfacción, mortifican la vista.

339 No podemos tener la pretensión de que los Angeles nos obedezcan... Pero tenemos la absoluta seguridad de que los Santos Angeles nos oyen siempre.

340 Déjate conducir por Dios. Te llevará por "su camino", sirviéndose de adversidades sin cuento..., y quizá hasta de tu haraganería, para que se vea que la tarea tuya la realiza El.

341 Pídele sin miedo, insiste. Acuérdate de la escena que nos relata el Evangelio sobre la multiplicación de los panes. —Mira con qué magnanimidad responde a los Apóstoles: ¿cuántos panes tenéis?, ¿cinco?... ¿Qué me pedís?... Y El da seis, cien, miles... ¿Por qué?

—Porque Cristo ve nuestras necesidades con una sabiduría divina, y con su omnipotencia puede y llega más lejos que nuestros deseos.

¡El Señor ve más allá de nuestra pobre lógica y es infinitamente generoso!

342 Cuando se trabaja por Dios, hay que tener "complejo de superioridad", te he señalado.

Pero, me preguntabas, ¿esto no es una manifestación de soberbia? —¡No! Es una consecuencia de la humildad, de una humildad que me hace decir: Señor, Tú eres el que eres. Yo soy la negación. Tú tienes todas las perfecciones: el poder, la fortaleza, el amor, la gloria, la sabiduría, el imperio, la dignidad... Si yo me uno a Ti, como un hijo cuando se pone en los brazos fuertes de su padre o en el regazo maravilloso de su madre, sentiré el calor de tu divinidad, sentiré las luces de tu sabiduría, sentiré correr por mi sangre tu fortaleza.

343 Si tienes presencia de Dios, por encima de la tempestad que ensordece, en tu mirada brillará siempre el sol; y, por debajo del oleaje tumultuoso y devastador, reinarán en tu alma la calma y la serenidad.

344 Para un hijo de Dios, cada jornada ha de ser ocasión de renovarse, con la seguridad de que, ayudado por la gracia, llegará al fin del camino, que es el Amor.

Por eso, si comienzas y recomienzas, vas bien. Si tienes moral de victoria, si luchas, con el auxilio de Dios, ¡vencerás! ¡No hay dificultad que no puedas superar!

345 Llégate a Belén, acércate al Niño, báilale, dile tantas cosas encendidas, apriétale contra el corazón...

—No hablo de niñadas: ¡hablo de amor! Y el amor se manifiesta con hechos: en la intimidad de tu alma, ¡bien le puedes abrazar!

346 Hagamos presente a Jesús que somos niños. Y los niños, los niños chiquitines y sencillos, ¡cuánto sufren para subir un escalón! Están allí, al parecer, perdiendo el tiempo. Por fin, han subido. Ahora, otro escalón. Con las manos y los pies, y con el impulso de todo el cuerpo, logran un nuevo triunfo: otro escalón. Y vuelta a empezar. ¡Qué esfuerzos! Ya faltan pocos..., pero, entonces, un traspiés... y ¡hala!... abajo. Lleno de golpes, inun-

dado de lágrimas, el pobre niño comienza, reco-
mienza el ascenso.

Así, nosotros, Jesús, cuando estamos solos.
Cógenos Tú en tus brazos amables, como un
Amigo grande y bueno del niño sencillo; no nos
dejes hasta que estemos arriba; y entonces —¡oh,
entonces!—, sabremos corresponder a tu Amor
Misericordioso, con audacias infantiles, diciéndote, dulce Señor, que, fuera de María y de José,
no ha habido ni habrá mortal —eso que los ha habido muy locos— que te quiera como te quiero yo.

347 No te importe hacer pequeñas niñadas, te
he aconsejado: mientras esos actos no sean ruti-
narios, no resultarán estériles.

—Un ejemplo: supongamos que un alma,
que va por vía de infancia espiritual, se siente mo-
vida a arropar cada noche, a las horas del sueño, a
una imagen de madera de la Santísima Virgen.

El entendimiento se rebela contra semejante acción, por parecerle claramente inútil. Pero
el alma pequeña, tocada de la gracia, ve perfectamente que un niño, por amor, obraría así.

Entonces, la voluntad viril, que tienen todos los que son espiritualmente chiquitos, se alza,
obligando al entendimiento a rendirse... Y, si aque-

lla alma infantil continúa cada día arropando la imagen de Nuestra Señora, cada día también hace una pequeña niñería fecunda a los ojos de Dios.

348 Cuando seas sinceramente niño y vayas por caminos de infancia —si el Señor te lleva por ahí—, serás invencible.

349 Petición confiada de hijo pequeño: querría una compunción como la tuvieron, Señor, quienes más te hayan sabido agradar.

350 Niño, dejarás de serlo, si alguien o algo se interpone entre Dios y tú.

351 No debo pedir nada a Jesús: me limitaré a darle gusto en todo y a contarle las cosas, como si El no las supiera, lo mismo que un niño pequeño a su padre.

352 Niño, dile a Jesús: no me conformo con menos que Contigo.

353 En tu oración de infancia espiritual, ¡qué cosas más pueriles le dices a tu Señor! Con la confianza de un niño que habla al Amigo grande,

de cuyo amor está seguro, le confías: ¡que yo viva sólo para tu Gloria!

Recuerdas y reconoces lealmente que todo lo haces mal: eso, Jesús mío —añades—, no puede llamarte la atención: es imposible que yo haga nada a derechas. Ayúdame Tú, hazlo Tú por mí y verás qué bien sale.

Luego, audazmente y sin apartarte de la verdad, continúas: empápame, emborráchame de tu Espíritu, y así haré tu Voluntad. Quiero hacerla. Si no la hago..., es que no me ayudas. ¡Pero sí me ayudas!

354 Has de sentir la necesidad urgente de verte pequeño, desprovisto de todo, débil. Entonces te arrojarás en el regazo de nuestra Madre del Cielo, con jaculatorias, con miradas de afecto, con prácticas de piedad mariana..., que están en la entraña de tu espíritu filial.

—Ella te protegerá.

355 Suceda lo que suceda, persevera en tu camino; persevera, alegre y optimista, porque el Señor se empeña en barrer todos los obstáculos.

—Óyeme bien: ¡estoy seguro de que, si luchas, serás santo!

356 Los primeros Apóstoles, cuando el Señor los llamó, estaban junto a la barca vieja y junto a las redes rotas, remendándolas. El Señor les dijo que le siguieran; y ellos, «statim» —inmediatamente, «relictis omnibus» —abandonando todas las cosas, ¡todo!, le siguieron...

Y sucede algunas veces que nosotros —que deseamos imitarles— no acabamos de abandonar todo, y nos queda un apego en el corazón, un error en nuestra vida, que no queremos cortar, para ofrecérselo al Señor.

—¿Harás el examen de tu corazón bien a fondo? —No ha de quedar nada ahí, que no sea de El; si no, no le amamos bien, ni tú ni yo.

357 Haz presentes al Señor, con sinceridad y constantemente, tus deseos de santidad y de apostolado..., y entonces no se romperá el pobre vaso de tu alma; o, si se rompe, se recompondrá con nueva gracia, y seguirá sirviendo para tu propia santidad y para el apostolado.

358 Ha de ser tu oración la del hijo de Dios; no la de los hipócritas, que han de escuchar de Jesús aquellas palabras: "no todo el que dice ¡Señor!, ¡Señor!, entrará en el Reino de los Cielos".

Tu oración, tu clamar "¡Señor!, ¡Señor!" ha de ir unido, de mil formas diversas en la jornada, al deseo y al esfuerzo eficaz de cumplir la Voluntad de Dios.

359 Niño, dile: ¡oh, Jesús, yo no quiero que el demonio se apodere de las almas!

360 Si has sido elegido, llamado por el Amor de Dios, para seguirle, tienes obligación de responderle..., y tienes también el deber, no menos fuerte, de conducir, de contribuir a la santidad y al buen caminar de tus hermanos los hombres.

361 ¡Anímate!..., también cuando el caminar se hace duro. ¿No te da alegría que la fidelidad a tus compromisos de cristiano dependa en buena parte de ti?

Llénate de gozo, y renueva libremente tu decisión: Señor, yo también quiero, ¡cuenta con mi poquedad!

362 Dios no te arranca de tu ambiente, no te remueve del mundo, ni de tu estado, ni de tus ambiciones humanas nobles, ni de tu trabajo profesional... pero, ahí, ¡te quiere santo!

363 Con la frente pegada al suelo y puesto en la presencia de Dios, considera (porque es así) que eres una cosa más sucia y despreciable que las barreduras recogidas por la escoba.

—Y, a pesar de todo, el Señor te ha elegido.

364 ¡Cuándo te decidirás...!

Muchos, a tu alrededor, llevan una vida sacrificada por un motivo simplemente humano; no se acuerdan esas pobres criaturas de que son hijos de Dios, y se conducen así quizá sólo por soberbia, por destacar, por conseguir una vida futura más cómoda: ¡se abstienen de todo!

Y tú, que tienes el dulce peso de la Iglesia, de los tuyos, de tus colegas y amigos, motivos por los que merece la pena gastarse, ¿qué haces?, ¿con qué sentido de responsabilidad reaccionas?

365 ¡Oh, Señor!, ¿por qué me has buscado a mí —que soy la negación—, habiendo tantos santos, sabios, ricos y llenos de prestigio?

—Tienes razón..., precisamente por esto, agradéceselo con obras y con amor.

366 Jesús, que en tu Iglesia Santa perseveren todos en el camino, siguiendo su vocación cristiana, como los Magos siguieron la estrella: despreciando los consejos de Herodes..., que no les faltarán.

367 Pidamos a Jesucristo que el fruto de su Redención crezca abundante en las almas: todavía más, más, ¡más abundante!, ¡divinamente abundante!

Y para esto, que nos haga buenos hijos de su Madre bendita.

368 ¿Quieres un secreto para ser feliz?: date y sirve a los demás, sin esperar que te lo agradezcan.

369 Si actúas —vives y trabajas— cara a Dios, por razones de amor y de servicio, con alma sacerdotal, aunque no seas sacerdote, toda tu acción cobra un genuino sentido sobrenatural, que mantiene unida tu vida entera a la fuente de todas las gracias.

370 Ante el inmenso panorama de almas que nos espera, ante esa preciosa y tremenda responsabilidad, quizá se te ocurra pensar lo mismo que a veces pienso yo: ¿conmigo, toda esa labor?, ¿conmigo, que soy tan poca cosa?

—Hemos de abrir entonces el Evangelio, y contemplar cómo Jesús cura al ciego de nacimiento: con barro hecho de polvo de la tierra y de saliva. ¡Y ése es el colirio que da la luz a unos ojos ciegos!

Eso somos tú y yo. Con el conocimiento de nuestra flaqueza, de nuestro ningún valer, pero —con la gracia de Dios y nuestra buena voluntad— ¡somos colirio!, para iluminar, para prestar nuestra fortaleza a los demás y a nosotros mismos.

371 Le decía un alma apostólica: Jesús, Tú verás lo que haces..., yo no trabajo para mí...

372 Dios Nuestro Señor, si perseveras en la oración con "perseverancia personal", te dará los medios que necesitas, para ser más eficaz y para extender su reinado en el mundo.

—Pero es necesario que permanezcas fiel: pide, pide, pide... ¿Piensas que te comportas así?

373 Por todos los caminos honestos de la tierra quiere el Señor a sus hijos, echando la semilla de la comprensión, del perdón, de la convivencia, de la caridad, de la paz.

—Tú, ¿qué haces?

374 La Redención se está haciendo, todavía en este momento..., y tú eres —¡has de ser!— corredentor.

375 Ser cristiano en el mundo no significa aislarse, ¡al contrario! —Significa amar a todas las gentes, y desear encenderlas con el fuego del amor a Dios.

376 Señora, Madre de Dios y Madre mía, ni por asomo quiero que dejes de ser la Dueña y Emperatriz de todo lo creado.

OTRA VEZ A LUCHAR

377 Sigue el consejo de San Pablo: «hora est iam nos de somno surgere!» —¡ya es hora de trabajar! —De trabajar por dentro, en la edificación de tu alma; y por fuera, desde tu lugar, en la edificación del Reino de Dios.

378 Me dices, contrito: "¡cuánta miseria me veo! Me encuentro, tal es mi torpeza y tal el bagaje de mis concupiscencias, como si nunca hubiera hecho nada por acercarme a Dios. Comenzar, comenzar: ¡oh, Señor, siempre en los comienzos! Procuraré, sin embargo, empujar con toda mi alma en cada jornada".

—Que Él bendiga esos afanes tuyos.

379 Padre, me has comentado: yo tengo muchas equivocaciones, muchos errores.

—Ya lo sé, te he respondido. Pero Dios Nuestro Señor, que también lo sabe y cuenta con eso, sólo te pide la humildad de reconocerlo, y la lucha para rectificar, para servirle cada día mejor, con más vida interior, con una oración continua, con la piedad y con el empleo de los medios adecuados para santificar tu trabajo.

380 ¡Ojalá adquieras —las quieres alcanzar— las virtudes del borrico!: humilde, duro para el trabajo y perseverante, ¡tozudo!, fiel, segurísimo en su paso, fuerte y —si tiene buen amo— agradecido y obediente.

381 Sigue considerando las cualidades del borrico, y fíjate en que el burro, para hacer algo de provecho, ha de dejarse dominar por la voluntad de quien le lleva...: solo, no haría más que... burradas. De seguro que no se le ocurre otra cosa mejor que revolcarse en el suelo, correr al pesebre... y rebuznar.

¡Ah Jesús! —díselo tú también—: «ut iumentum factus sum apud te!» —me has hecho tu borriquillo; no me dejes, «et ego semper tecum!»

—y estaré siempre Contigo. Llévame fuertemente atado con tu gracia: «tenuisti manum dexteram meam...» —me has cogido por el ronzal; «et in voluntate tua deduxisti me...» —y hazme cumplir tu Voluntad. ¡Y así te amaré por los siglos sin fin! —«et cum gloria suscepisti me!»

382 Hasta la mortificación más insignificante te parece una epopeya. A veces, Jesús se sirve de tus "rarezas", de tus pequeñeces, para que te mortifiques, haciendo de la necesidad virtud.

383 Jesús mío, quiero corresponder a tu Amor, pero soy flojo.

—¡Con tu gracia, sabré!

384 La vida espiritual es —lo repito machaconamente, de intento— un continuo comenzar y recomenzar.

—¿Recomenzar? ¡Sí!: cada vez que haces un acto de contrición —y a diario deberíamos hacer muchos—, recomienzas, porque das a Dios un nuevo amor.

385 No podemos conformarnos con lo que hacemos en nuestro servicio a Dios, como un artista no se queda satisfecho con el cuadro o la estatua que sale de sus manos. Todos le dicen: es una maravilla; pero él piensa: no, no es esto; yo querría más. Así deberíamos reaccionar nosotros.

Además, el Señor nos da mucho, tiene derecho a nuestra más plena correspondencia..., y hay que ir a su paso.

386 Te falta fe..., y te falta amor. Si no, acudirías inmediatamente y con más frecuencia a Jesús, pidiéndole por esto y por lo otro.

—No esperes más, invócale, y oirás que Cristo te habla: "¿qué quieres que te haga?", como atendió a aquel cieguecito que, desde la vera del camino, no se cansó de insistir.

387 Escribía aquel amigo nuestro: "muchas veces pedí perdón al Señor por mis grandísimos pecados; le dije que le quería, besando el Crucifijo, y le di las gracias por sus providencias paternales de estos días. Me sorprendí, como hace años, diciendo —sin darme cuenta hasta después—: «Dei perfecta sunt opera» —todas las obras de Dios son perfectas. A la vez me quedó la seguridad plena, sin ningún género de duda, de que ésa es la respuesta de mi Dios a su criatura pecadora, pero amante. ¡Todo lo espero de El! ¡¡Bendito sea!!"

Me apresuré a responderle: "el Señor siempre se comporta como un buen Padre, y nos ofrece continuas pruebas de su Amor: cifra toda tu esperanza en Él..., y sigue luchando".

388 ¡Oh, Jesús! Si, siendo ¡como he sido! —pobre de mí—, has hecho lo que has hecho...; si yo correspondiera, ¿qué harías?

Esta verdad te ha de llevar a una generosidad sin tregua.

Llora, y duélete con pena y con amor, porque el Señor y su Madre bendita merecen otro comportamiento de tu parte.

389 Aunque a veces se meta en tu alma la desgana, y te parezca que lo dices sólo con la boca, renueva tus actos de fe, de esperanza, de amor. ¡No te duermas!, porque, si no, en medio de lo bueno, vendrá lo malo y te arrastrará.

390 Haz así tu oración: si he de hacer algo de provecho, Jesús, has de hacerlo Tú por mí. Que se cumpla tu Voluntad: la amo, ¡aunque tu Voluntad permita que yo esté siempre como ahora, penosamente cayendo, y Tú levantándome!

391 Hazme santo, mi Dios, aunque sea a palos. No quiero ser la rémora de tu Voluntad. Quiero corresponder, quiero ser generoso... Pero, ¿qué querer es el mío?

392 Estás lleno de preocupación porque no amas como debes. Te fastidia todo. Y el enemigo hace lo que puede para que tu mal genio salga a relucir.

—Comprendo que estés muy humillado, y precisamente por esto has de reaccionar con eficacia y sin demora.

393 No es verdadera santidad —será, en el mejor de los casos, su caricatura— aquélla que obliga a pensar que "para aguantar a un santo, se necesitan dos santos".

394 El diablo trata de apartarnos de Dios y, si te dejas dominar por él, las criaturas honradas "se apartarán" de ti, porque "se apartan" de los amigos o de los poseídos de satanás.

395 Cuando hables con el Señor, también si piensas que lo tuyo es todo palabrería, pídele una mayor entrega, un adelantamiento más decidido en la perfección cristiana: ¡que te encienda más!

396 Renueva tu propósito firme de vivir con "voluntariedad actual" tu vida de cristiano: a todas horas y en todas las circunstancias.

397 No pongas obstáculos a la gracia: has de convencerte de que, para ser levadura, necesitas ser santo, luchar para identificarte con El.

398 Di despacio, con ánimo sincero: «nunc coepi!» —¡ahora comienzo!

No te desanimes si, desgraciadamente, no ves en ti la mudanza, efecto de la diestra del Señor...: desde la bajeza tuya, puedes gritar: ¡ayúdame, Jesús mío, porque quiero cumplir tu Voluntad..., tu amabilísima Voluntad!

399 De acuerdo: tu preocupación deben ser "ellos". Pero tu primera preocupación debes ser tú mismo, tu vida interior; porque, de otro modo, no podrás servirles.

400 ¡Cuánto te cuesta esa mortificación que el Espíritu Santo te sugiere! Mira con detenimiento un Crucifijo..., y amarás esa expiación.

401 ¡Clavarse en la Cruz! Esta aspiración, como luz nueva, venía a la inteligencia, al corazón y a los labios de aquella alma, muchas veces.

—¿Clavarse en la Cruz?: ¡cuánto cuesta!, se decía. Y eso que sabía muy bien el camino: «agere contra!» —negarse a sí mismo. Por eso suplicaba: ¡ayúdame, Señor!

402 Situados en el Calvario, donde Jesús ha muerto, la experiencia de nuestros personales pecados debe conducirnos al dolor: a una decisión más madura y más honda de no ofenderle de nuevo.

403 Cada día un poco más —igual que al tallar una piedra o una madera—, hay que ir limando asperezas, quitando defectos de nuestra vida personal, con espíritu de penitencia, con pequeñas mortificaciones, que son de dos tipos: las activas —ésas que buscamos, como florecicas que recogemos a lo largo del día—, y las pasivas, que vienen de fuera y nos cuesta aceptarlas. Luego, Jesucristo va poniendo lo que falta.

—¡Qué Crucifijo tan estupendo vas a ser, si respondes con generosidad, con alegría, del todo!

404 El Señor, con los brazos abiertos, te pide una constante limosna de amor.

405 Acércate a Jesús muerto por ti, acércate a esa Cruz que se recorta sobre la cumbre del Gólgota...

Pero acércate con sinceridad, con ese recogimiento interior que es señal de madurez cristiana: para que los sucesos divinos y humanos de la Pasión penetren en tu alma.

406 Hemos de aceptar la mortificación con los mismos sentimientos que tuvo Jesucristo en su Pasión Santa.

407 La mortificación es premisa necesaria para todo apostolado, y para la perfecta ejecución de cada apostolado.

408 El espíritu de penitencia está principalmente en aprovechar esas abundantes pequeñeces —acciones, renuncias, sacrificios, servicios...— que encontramos cada día en el camino, convirtiéndolas en actos de amor, de contrición, en mortificaciones, y formar así un ramillete al final del día: ¡un hermoso ramo, que ofrecemos a Dios!

409 El mejor espíritu de sacrificio es la perseverancia en el trabajo comenzado: cuando se hace con ilusión, y cuando resulta cuesta arriba.

410 Somete a la consideración de tu Director espiritual tu plan de mortificaciones, para que él las modere.

—Pero moderarlas no quiere decir siempre disminuirlas, sino también aumentarlas, si lo considera conveniente. —Y, sea lo que sea, ¡acéptalo!

411 Podemos decir, como San Agustín, que las pasiones malas nos tiran de la ropa, para abajo. Al mismo tiempo, notamos dentro del corazón deseos grandes, nobles, limpios, y hay una lucha.

—Si tú, con la gracia del Señor, pones los medios ascéticos: la búsqueda de la presencia de Dios, la mortificación —no te asustes: la penitencia—, irás adelante, tendrás paz, y alcanzarás la victoria.

412 La guarda del corazón. —Así rezaba aquel sacerdote: "Jesús, que mi pobre corazón sea huerto sellado; que mi pobre corazón sea un paraíso, donde vivas Tú; que el Angel de mi Guarda

lo custodie, con espada de fuego, con la que puri-
fique todos los afectos antes de que entren en mí;
Jesús, con el divino sello de tu Cruz, sella mi pobre corazón".

413 Vida limpia, ¡con valentía!, cada uno en su
estado: hay que saber decir que no, por el gran
Amor con mayúscula.

414 Hay un refrán que es muy claro: entre
santa y santo, pared de cal y canto.
        —Hemos de guardar el corazón y los sen-
tidos, apartándonos siempre de la ocasión. ¡Es
preciso evitar la pasión, por santa que parezca!

415 ¡Dios mío!: encuentro gracia y belleza en
todo lo que veo: guardaré la vista a todas horas,
por Amor.

416 Tú, cristiano, y por cristiano hijo de Dios,
has de sentir la grave responsabilidad de corresponder a las misericordias que has recibido del
Señor, con una actitud de vigilante y amorosa firmeza, para que nada ni nadie pueda desdibujar los
rasgos peculiares del Amor, que Él ha impreso en
tu alma.

417 Has llegado a una gran intimidad con este nuestro Dios, que tan cerca está de ti, tan dentro de tu alma..., pero, ¿procuras que aumente, que se haga más honda? ¿Evitas que se metan por medio pequeñeces que puedan enturbiar esa amistad?

—¡Sé valiente! No te niegues a cortar todo lo que, aunque sea levemente, cause dolor a Quien tanto te ama.

418 La vida de Jesucristo, si le somos fieles, se repite en la de cada uno de nosotros de algún modo, tanto en su proceso interno —en la santificación—, como en la conducta externa.

—Agradécele su bondad.

419 Me parece muy oportuno que con frecuencia manifiestes al Señor un deseo ardiente, grande, de ser santo, aunque te veas lleno de miserias...

—Hazlo, ¡precisamente por esto!

420 Tú, que has visto clara tu condición de hijo de Dios, aunque ya no la volvieras a ver —¡no sucederá!—, debes continuar adelante en tu camino, para siempre, por sentido de fidelidad, sin volver la cara atrás.

421 Propósito: ser fiel —heroicamente fiel y sin excusas— al horario, en la vida ordinaria y en la extraordinaria.

422 Habrás pensado alguna vez, con santa envidia, en el Apóstol adolescente, Juan, «quem diligebat Iesus» —al que amaba Jesús.

—¿No te gustaría merecer que te llamaran "el que ama la Voluntad de Dios"? Pon los medios, día a día.

423 Ten esta seguridad: el deseo —¡con obras!— de conducirte como buen hijo de Dios da juventud, serenidad, alegría y paz permanentes.

424 Si vuelves a abandonarte en las manos de Dios, recibirás, del Espíritu Santo, luces en el entendimiento y vigor en la voluntad.

425 Escucha de labios de Jesús aquella parábola que relata San Juan en su Evangelio: «Ego sum vitis, vos palmites» —Yo soy la vid; vosotros, los sarmientos.

Ya tienes en la imaginación, en el entendimiento, la parábola entera. Y ves que un sarmiento separado de la cepa, de la vid, no sirve para nada, no se llenará de fruto, correrá la suerte de un palo seco, que pisarán los hombres o las bestias, o que se echará al fuego...

—Tú eres el sarmiento: deduce todas las consecuencias.

426 Hoy he vuelto a rezar lleno de confianza, con esta petición: Señor, que no nos inquieten nuestras pasadas miserias ya perdonadas, ni tampoco la posibilidad de miserias futuras; que nos abandonemos en tus manos misericordiosas; que te hagamos presentes nuestros deseos de santidad y apostolado, que laten como rescoldos bajo las cenizas de una aparente frialdad...

—Señor, sé que nos escuchas. Díselo tú también.

427 Al abrir tu alma, ¡sé sincero! y, sin dorar la píldora, que a veces es infantilismo, habla.

Luego, con docilidad, sigue adelante: serás más santo, más feliz.

428 No busques consuelos fuera de Dios. —Mira lo que escribía aquel sacerdote: ¡nada de desahogar el corazón, sin necesidad, con ningún otro amigo!

429 La santidad se alcanza con el auxilio del Espíritu Santo —que viene a inhabitar en nuestras almas—, mediante la gracia que se nos concede en los sacramentos, y con una lucha ascética constante.

Hijo mío, no nos hagamos ilusiones: tú y yo —no me cansaré de repetirlo— tendremos que pelear siempre, siempre, hasta el final de nuestra vida. Así amaremos la paz, y daremos la paz, y recibiremos el premio eterno.

430 No te limites a hablar al Paráclito, ¡óyele!

En tu oración, considera que la vida de infancia, al hacerte descubrir con hondura que eres hijo de Dios, te llenó de amor filial al Padre; piensa que, antes, has ido por María a Jesús, a quien adoras como amigo, como hermano, como amante suyo que eres...

Después, al recibir este consejo, has comprendido que, hasta ahora, sabías que el Espíritu Santo habitaba en tu alma, para santificarla..., pero no habías "comprendido" esa verdad de su presencia. Ha sido precisa esa sugerencia: ahora sientes el Amor dentro de ti; y quieres tratarle, ser su amigo, su confidente..., facilitarle el trabajo de pulir, de arrancar, de encender...

¡No sabré hacerlo!, pensabas. —Oyele, te insisto. El te dará fuerzas, El lo hará todo, si tú quieres..., ¡que sí quieres!

—Rézale: Divino Huésped, Maestro, Luz, Guía, Amor: que sepa agasajarte, y escuchar tus lecciones, y encenderme, y seguirte y amarte.

431 Para acercarte a Dios, para volar hasta Dios, necesitas las alas recias y generosas de la Oración y de la Expiación.

432 Para evitar la rutina en las oraciones vocales, procura recitarlas con el mismo amor con que habla por primera vez el enamorado..., y como si fuera la última ocasión en que pudieras dirigirte al Señor.

433 Si estás orgulloso de ser hijo de Santa María, pregúntate: ¿cuántas manifestaciones de devoción a la Virgen tengo durante la jornada, de la mañana a la noche?

434 Dos razones hay, entre otras, se decía aquel amigo, para que desagravie a mi Madre Inmaculada todos los sábados y vísperas de sus fiestas.

—La segunda es que los domingos y las fiestas de la Virgen (que suelen ser fiestas de pueblos), en vez de dedicarlos las gentes a la oración, los dedican —basta abrir los ojos y ver— a ofender con pecados públicos y crímenes escandalosos a Nuestro Jesús.

La primera: que los que queremos ser buenos hijos no vivimos, quizá empujados por satanás, con la atención debida esos días dedicados al Señor y a su Madre.

—Ya te das cuenta de que, por desgracia, siguen muy de actualidad esas razones, para que también nosotros desagraviemos.

435 Siempre he entendido la oración del cristiano como una conversación amorosa con Jesús, que no debe interrumpirse ni aun en los momentos en los que físicamente estamos alejados del Sagrario, porque toda nuestra vida está hecha de coplas de amor humano a lo divino..., y amar podemos siempre.

436 Es tanto el Amor de Dios por sus criaturas, y habría de ser tanta nuestra correspondencia que, al decir la Santa Misa, deberían pararse los relojes.

437 Los sarmientos, unidos a la vid, maduran y dan frutos.

—¿Qué hemos de hacer tú y yo? Estar muy pegados, por medio del Pan y de la Palabra, a Jesucristo, que es nuestra vid..., diciéndole palabras de cariño a lo largo de todo el día. Los enamorados hacen así.

438 Ama mucho al Señor. Custodia en tu alma, y foméntala, esta urgencia de quererle. Ama a Dios, precisamente ahora, cuando quizá bastantes de los que le tienen en sus manos no le quieren, le maltratan y le descuidan.

¡Trátame muy bien al Señor, en la Santa Misa y durante la jornada entera!

439 La oración es el arma más poderosa del cristiano. La oración nos hace eficaces. La oración nos hace felices. La oración nos da toda la fuerza necesaria, para cumplir los mandatos de Dios.

—¡Sí!, toda tu vida puede y debe ser oración.

440 La santidad personal no es una entelequia, sino una realidad precisa, divina y humana, que se manifiesta constantemente en hechos diarios de Amor.

441 El espíritu de oración que anima la vida entera de Jesucristo entre los hombres, nos enseña que todas las obras —grandes y pequeñas— han de ir precedidas, acompañadas y seguidas de oración.

442 Contempla y vive la Pasión de Cristo, con El: pon —con frecuencia cotidiana— tus espaldas, cuando le azotan; ofrece tu cabeza a la corona de espinas.

—En mi tierra dicen: "amor con amor se paga".

443 El que ama no pierde un detalle. Lo he visto en tantas almas: esas pequeñeces son una cosa muy grande: ¡Amor!

444 Ama a Dios por los que no le aman: debes hacer carne de tu carne este espíritu de desagravio y de reparación.

445 Si en algún momento se hace más difícil la lucha interior, será la ocasión buena de mostrar que nuestro Amor es de verdad.

446 Tienes certeza de que fue Dios quien te hizo ver, claramente, que debes volver a las pequeñeces

más pueriles de tu antigua vida interior; y perseverar por meses, y hasta por años, en esas menuden-
cias heroicas (la sensibilidad, dormida tantas veces
para el bien, no cuenta), con tu voluntad quizá fría,
pero decidida a cumplirlas por Amor.

447 Persevera, voluntariamente y con amor
—aunque estés seco—, en tu vida de piedad. Y
no te importe si te sorprendes contando los minutos o los días que faltan para acabar esa norma de
piedad o ese trabajo, con el turbio regocijo que
pone, en semejante operación, el chico mal estu-
diante, que sueña con que se termine el curso; o
el quincenario, que espera volver a sus andadas,
al abrirle las puertas de la cárcel.

   Persevera —insisto— con eficaz y actual
voluntad, sin dejar ni un instante de querer hacer
y aprovechar esos medios de piedad.

448 Vive la fe, alegre, pegado a Jesucristo.
—Amale de verdad —¡de verdad, de verdad!—,
y serás protagonista de la gran Aventura del
Amor, porque estarás cada día más enamorado.

449 Dile despacio al Maestro: ¡Señor, sólo
quiero servirte! ¡Sólo quiero cumplir mis deberes,

y amarte con alma enamorada! Hazme sentir tu paso firme a mi lado. Sé Tú mi único apoyo.

—Díselo despacio..., ¡y díselo de veras!

450 Necesitas vida interior y formación doctrinal. ¡Exígete! —Tú —caballero cristiano, mujer cristiana— has de ser sal de la tierra y luz del mundo, porque estás obligado a dar ejemplo con una santa desvergüenza.

—Te ha de urgir la caridad de Cristo y, al sentirte y saberte otro Cristo desde el momento en que le has dicho que le sigues, no te separarás de tus iguales —tus parientes, tus amigos, tus colegas—, lo mismo que no se separa la sal del alimento que condimenta.

Tu vida interior y tu formación comprenden la piedad y el criterio que ha de tener un hijo de Dios, para sazonarlo todo con su presencia activa.

Pide al Señor que siempre seas ese buen condimento en la vida de los demás.

451 Los cristianos venimos a recoger, con espíritu de juventud, el tesoro del Evangelio —que siempre es nuevo—, para hacerlo llegar a todos los rincones de la tierra.

452 Necesitas imitar a Jesucristo, y darlo a conocer con tu conducta. No me olvides que Cristo asumió nuestra naturaleza, para introducir a todos los hombres en la vida divina, de modo que —uniéndonos a El— vivamos individual y socialmente los mandatos del Cielo.

453 Tú, por tu condición de cristiano, no puedes vivir de espaldas a ninguna inquietud, a ninguna necesidad de tus hermanos los hombres.

454 ¡Con cuánta insistencia el Apóstol San Juan predicaba el «mandatum novum»! —"¡Que os améis los unos a los otros!"

—Me pondría de rodillas, sin hacer comedia —me lo grita el corazón—, para pediros por amor de Dios que os queráis, que os ayudéis, que os deis la mano, que os sepáis perdonar.

—Por lo tanto, a rechazar la soberbia, a ser compasivos, a tener caridad; a prestaros mutuamente el auxilio de la oración y de la amistad sincera.

455 Sólo serás bueno, si sabes ver las cosas buenas y las virtudes de los demás.

—Por eso, cuando hayas de corregir, hazlo con caridad, en el momento oportuno, sin humillar..., y con ánimo de aprender y de mejorar tú mismo en lo que corrijas.

456 Ama y practica la caridad, sin límites y sin discriminaciones, porque es la virtud que nos caracteriza a los discípulos del Maestro.

—Sin embargo, esa caridad no puede llevarte —dejaría de ser virtud— a amortiguar la fe, a quitar las aristas que la definen, a dulcificarla hasta convertirla, como algunos pretenden, en algo amorfo que no tiene la fuerza y el poder de Dios.

457 Has de convivir, has de comprender, has de ser hermano de tus hermanos los hombres, has de poner amor —como dice el místico castellano— donde no hay amor, para sacar amor.

458 La crítica, cuando tengas que hacerla, debe ser positiva, con espíritu de colaboración, constructiva, y nunca a escondidas del interesado.

—Si no, es una traición, una murmuración, una difamación, quizá una calumnia... y, siempre, una falta de hombría de bien.

459 Cuando veas que la gloria de Dios y el bien de la Iglesia exigen que hables, no te calles.

—Piénsalo: ¿quién no sería valiente de cara a Dios, con la eternidad por delante? No hay nada que perder y, en cambio, sí mucho que ganar. Entonces, ¿por qué no te atreves?

460 No somos buenos hermanos de nuestros hermanos los hombres, si no estamos dispuestos a mantener una recta conducta, aunque quienes nos rodeen interpreten mal nuestra actuación, y reaccionen de un modo desagradable.

461 Tu amor y tu servicio a la Iglesia Santa no pueden estar condicionados por la mayor o menor santidad personal de los que la componen, aunque deseemos ardientemente la perfección cristiana en todos.

—Has de amar a la Esposa de Cristo, tu Madre, que está, y estará siempre, limpia y sin mancilla.

462 La labor de nuestra santificación personal repercute en la santidad de tantas almas y en la de la Iglesia de Dios.

463 ¡Persuádete!, si quieres —como Dios te oye, te ama, te promete la gloria—, tú, protegido por la mano omnipotente de tu Padre del Cielo, puedes ser una persona llena de fortaleza, dispuesta a dar testimonio en todas partes de su amable doctrina verdadera.

464 El campo del Señor es fértil y buena su semilla. Por eso, cuando en este mundo nuestro aparece la cizaña, no lo dudes: ha habido falta de correspondencia de los hombres, de los cristianos especialmente, que se han dormido y han dejado el terreno abierto al enemigo.

—No te lamentes, que es estéril; y examina, en cambio, tu conducta.

465 Te hará pensar también a ti este comentario, que me dolió mucho: "veo con claridad la falta de resistencia, o la ineficacia de esa resistencia a las leyes infames, porque hay arriba, abajo, y en medio, muchos, ¡pero muchos!, adocenados".

466 Los enemigos de Dios y de su Iglesia, manejados por el odio imperecedero de satanás, se mueven y se organizan sin tregua.

Con una constancia "ejemplar", preparan sus cuadros, mantienen escuelas, directivos y agi-

tadores y, con una acción disimulada —pero eficaz—, propagan sus ideas, y llevan —a los hoga-
res y a los lugares de trabajo— su semilla destruc-
tora de toda ideología religiosa.

—¿Qué no habremos de hacer los cristianos por servir al Dios nuestro, siempre con la verdad?

467 No confundas la serenidad con la pereza,
con el abandono, con el retraso en las decisiones
o en el estudio de los asuntos.

La serenidad se complementa siempre con
la diligencia, virtud necesaria para considerar y
resolver, sin demora, las cuestiones pendientes.

468 —Hijo: ¿dónde está el Cristo que las almas
buscan en ti?: ¿en tu soberbia?, ¿en tus deseos de
imponerte a los otros?, ¿en esas pequeñeces de
carácter en las que no te quieres vencer?, ¿en esa
tozudez?... ¿Está ahí Cristo? —¡¡No!!

—De acuerdo: debes tener personalidad,
pero la tuya ha de procurar identificarse con
Cristo.

469 Te propongo una buena norma de conducta
para vivir la fraternidad, el espíritu de servicio:

que, cuando faltes, los demás puedan sacar adelante la tarea que llevas entre manos, por la experiencia que generosamente les transmitas, sin hacerte imprescindible.

470 Sobre ti recae —a pesar de tus pasiones— la responsabilidad de la santidad, de la vida cristiana de los demás, de la eficacia de los otros.

Tú no eres una pieza aislada. Si te paras, ¡a cuántos puedes detener o perjudicar!

471 Piensa en tu Madre la Iglesia Santa, y considera que, si un miembro se resiente, todo el cuerpo se resiente.

—Tu cuerpo necesita de cada uno de los miembros, pero cada uno de los miembros necesita del cuerpo entero. —¡Ay, si mi mano dejara de cumplir su deber..., o si dejara de latir el corazón!

472 Lo has visto con claridad: mientras tanta gente no le conoce, Dios se ha fijado en ti. Quiere que seas fundamento, sillar, en el que se apoye la vida de la Iglesia.

Medita esta realidad, y sacarás muchas consecuencias prácticas para tu conducta ordinaria: el fundamento, el sillar —quizá sin brillar, oculto— ha de ser sólido, sin fragilidades; tiene que servir de base para el sostenimiento del edificio...; si no, se queda aislado.

473 Como te sientes fundamento escogido por Dios para corredimir —no te olvides de que eres... miseria y miseria—, tu humildad te ha de llevar a colocarte debajo de los pies —al servicio— de todos. —Así están los cimientos de los edificios.

Pero el fundamento ha de tener fortaleza, que es virtud indispensable en quien ha de sostener o empujar a otros.

—Jesús —díselo con fuerza—, que nunca, por falsa humildad, deje de practicar la virtud cardinal de la fortaleza. Dame, Dios mío, que discierna el oro de la escoria.

474 Madre nuestra, ¡nuestra Esperanza!, ¡qué seguros estamos, pegaditos a Ti, aunque todo se bambolee!

RESURGIR

475 Sientes la necesidad de convertirte: El te pide más... ¡y tú cada día le das menos!

476 Realmente, a cada uno de nosotros, como a Lázaro, fue un «veni foras» —sal fuera, lo que nos puso en movimiento.

—¡Qué pena dan quienes aún están muertos, y no conocen el poder de la misericordia de Dios!

—Renueva tu alegría santa porque, frente al hombre que se desintegra sin Cristo, se alza el hombre que ha resucitado con El.

477 Los afectos de la tierra, incluso cuando no son concupiscencia sucia y seca, envuelven de ordinario algún egoísmo.

Por eso, sin despreciar esos afectos —que pueden ser muy santos—, rectifica siempre la intención.

478 No busques que te compadezcan: muchas veces es señal de orgullo o de vanidad.

479 Cuando hables de las virtudes teologales, de la fe, de la esperanza, del amor, piensa que, antes que para teorizar, son virtudes para vivir.

480 ¿Hay algo en tu vida que no responde a tu condición de cristiano y que te lleve a no querer purificarte?

—Examínate y cambia.

481 Mira tu conducta con detenimiento. Verás que estás lleno de errores, que te hacen daño a ti y quizá también a los que te rodean.

—Recuerda, hijo, que no son menos importantes los microbios que las fieras. Y tú cultivas esos errores, esas equivocaciones —como se cultivan los microbios en el laboratorio—, con tu falta de humildad, con tu falta de oración, con tu falta de cumplimiento del deber, con tu falta de propio conocimiento... Y, después, esos focos infectan el ambiente.

—Necesitas un buen examen de conciencia diario, que te lleve a propósitos concretos de mejora, porque sientas verdadero dolor de tus faltas, de tus omisiones y pecados.

482 Dios Omnipotente, Todopoderoso, Sapientísimo, tenía que escoger a su Madre.

¿Tú, qué habrías hecho, si hubieras tenido que escogerla? Pienso que tú y yo habríamos escogido la que tenemos, llenándola de todas las gracias. Eso hizo Dios. Por tanto, después de la Santísima Trinidad, está María.

—Los teólogos establecen un razonamiento lógico de ese cúmulo de gracias, de ese no poder estar sujeta a satanás: convenía, Dios lo podía hacer, luego lo hizo. Es la gran prueba. La prueba más clara de que Dios rodeó a su Madre de todos los privilegios, desde el primer instante. Y así es: ¡hermosa, y pura, y limpia en alma y cuerpo!

483 ¿Esperas la victoria, el fin de la pelea..., y no llega?

—Da gracias al Señor, como si ya hubieras alcanzado esa meta, y ofrécele tus impaciencias: «vir fidelis loquetur victoriam» —la persona fiel cantará la alegría de la victoria.

484 Hay momentos en que —privado de aquella unión con el Señor, que te daba continua oración, aun durmiendo— parece que forcejeas con la Voluntad de Dios.

—Es flaqueza, bien lo sabes: ama la Cruz; la falta de tantas cosas que todo el mundo juzga necesarias; los obstáculos para emprender o... seguir el camino; tu pequeñez misma y tu miseria espiritual.

—Ofrece —con querer eficaz— lo tuyo y lo de los tuyos: humanamente visto, no es poco; con luces sobrenaturales, es nada.

485 En ocasiones, alguno me ha dicho: Padre, si yo me encuentro cansado y frío; si, cuando rezo o cumplo otra norma de piedad, me parece que estoy haciendo una comedia...

A ese amigo, y a ti —si te encuentras en la misma situación—, os contesto: ¿una comedia? —¡Gran cosa, hijo mío! ¡Haz la comedia! ¡El Señor es tu espectador!: el Padre, el Hijo, el Espíritu

Santo; la Trinidad Beatísima nos estará contemplando, en aquellos momentos en los que "hacemos la comedia".

—Actuar así delante de Dios, por amor,
por agradarle, cuando se vive a contrapelo, ¡qué
bonito! ¡Ser juglar de Dios! ¡Qué estupenda es
esa recitación llevada a cabo por Amor, con sacrificio, sin ninguna satisfacción personal, por dar
gusto a nuestro Señor!

—Esto sí que es vivir de Amor.

486 Un corazón que ama desordenadamente
las cosas de la tierra está como sujeto por una ca-
dena, o por un "hilillo sutil", que le impide volar
a Dios.

487 "Vigilad y orad, para que no caigáis en la
tentación...": ¡es impresionante la experiencia de
cómo puede abandonarse un quehacer divino, por
un engaño pasajero!

488 El apóstol tibio, ése es el gran enemigo de
las almas.

489 Prueba evidente de tibieza es la falta de
"tozudez" sobrenatural, de fortaleza para perse-

verar en el trabajo, para no parar hasta poner la "última piedra".

490 Hay corazones duros, pero nobles, que —al acercarse al calor del Corazón de Jesucristo— se derriten como el bronce en lágrimas de amor, de desagravio. ¡Se encienden!

En cambio, los tibios tienen el corazón de barro, de carne miserable... y se resquebrajan. Son polvo. Dan pena.

Di conmigo: ¡Jesús nuestro, lejos de nosotros la tibieza! ¡Tibios, no!

491 Toda la bondad, toda la hermosura, toda la majestad, toda la belleza, toda la gracia adornan a nuestra Madre. —¿No te enamora tener una Madre así?

492 Somos enamorados del Amor. Por eso, el Señor no nos quiere secos, tiesos, como una cosa sin vida: ¡nos quiere impregnados de su cariño!

493 Mira si entiendes esta aparente contradicción. —Al cumplir los treinta años, escribió aquel hombre en su diario: "ya no soy joven". —Y, superados los cuarenta, volvió a anotar: "permaneceré joven hasta que llegue a octogenario: si muero antes, creeré que me he malogrado".

—Andaba siempre, a pesar de los años, con la juventud madura del Amor.

494 Cómo entiendo la pregunta que se formulaba aquella alma enamorada de Dios: ¿ha habido algún mohín de disgusto, ha habido algo en mí que te pueda a Ti, Señor, Amor mío, doler?

—Pide a tu Padre Dios que nos conceda esa exigencia constante de amor.

495 ¿Has visto con qué cariño, con qué confianza trataban sus amigos a Cristo? Con toda naturalidad le echan en cara las hermanas de Lázaro su ausencia: ¡te hemos avisado! ¡Si Tú hubieras estado aquí!...

—Confíale despacio: enséñame a tratarte con aquel amor de amistad de Marta, de María y de Lázaro; como te trataban también los primeros Doce, aunque al principio te seguían quizá por motivos no muy sobrenaturales.

496 ¡Cómo me gusta contemplar a Juan, que reclina su cabeza sobre el pecho de Cristo! —Es como rendir amorosamente la inteligencia, aunque cueste, para encenderla en el fuego del Corazón de Jesús.

497 Dios me ama... Y el Apóstol Juan escribe: "amemos, pues, a Dios, ya que Dios nos amó primero". —Por si fuera poco, Jesús se dirige a cada uno de nosotros, a pesar de nuestras innegables miserias, para preguntarnos como a Pedro: "Simón, hijo de Juan, ¿me amas más que éstos?"...
     —Es la hora de responder: "¡Señor, Tú lo sabes todo, Tú sabes que te amo!", añadiendo con humildad: ¡ayúdame a amarte más, auméntame el amor!

498 "Obras son amores y no buenas razones". ¡Obras, obras! —Propósito: seguiré diciéndote muchas veces que te amo —¡cuántas te lo he repetido hoy!—; pero, con tu gracia, será sobre todo mi conducta, serán las pequeñeces de cada día —con elocuencia muda— las que clamen delante de Ti, mostrándote mi Amor.

499 No sabemos los hombres tener con Jesús las suaves delicadezas que unos pobres toscos, pero cristianos, tienen diariamente con una infeliz criaturilla —su mujer, su hijo, su amigo—, pobre también como ellos.

—Esta realidad nos debería servir de revulsivo.

500 Es tan atrayente y tan sugestivo el Amor de Dios, que su crecimiento en la vida de un cristiano no tiene límites.

501 No puedes comportarte como un niño revoltoso o como un loco.

—Has de ser persona recia, hijo de Dios; sereno en tu trabajo profesional y en tu vida de relación, con una presencia del Señor que te haga estar con perfección, hasta en los más pequeños detalles.

502 Si se hace justicia a secas, es posible que la gente se quede herida.

—Por lo tanto, muévete siempre por amor a Dios, que a esa justicia añadirá el bálsamo del amor al prójimo; y que purifica y limpia el amor terreno.

Cuando está Dios por medio, todo se sobrenaturaliza.

503 Ama apasionadamente al Señor. ¡Amale con locura!, porque si hay amor —¡entonces!—

me atrevo a afirmar que ni siquiera se precisan los propósitos. Mis padres —piensa en los tuyos— no necesitaban hacer propósito de quererme, ¡y qué derroche de detalles cotidianos de cariño tenían conmigo!

Con ese corazón humano, podemos y debemos amar a Dios.

504 El amor es sacrificio; y el sacrificio, por Amor, goce.

505 Contéstate: ¿cuántas veces al día te pide tu voluntad que pongas el corazón en Dios, para entregarle tus afectos y tus obras?

Buena medida para comprobar la intensidad y la calidad de tu amor.

506 Convéncete, hijo, de que Dios tiene derecho a decirnos: ¿piensas en Mí?, ¿tienes presencia mía?, ¿me buscas como apoyo tuyo?, ¿me buscas como Luz de tu vida, como coraza..., como todo?

—Por tanto, reafírmate en este propósito: en las horas que la gente de la tierra califica de buenas, clamaré: ¡Señor! En las horas que llama malas, repetiré: ¡Señor!

507 No me pierdas jamás el sentido de lo sobrenatural. Aunque veas con toda su crudeza tus propias miserias, tus malas inclinaciones —el barro de que estás hecho—, Dios cuenta contigo.

508 Vive, como los demás que te rodean, con naturalidad, pero sobrenaturalizando cada instante de la jornada.

509 Se requiere un corazón limpio, celo por las cosas de Dios y amor a las almas, sin prejuicios, para poder juzgar con rectitud de intención.

—¡Piénsalo!

510 Oí hablar a unos conocidos de sus aparatos de radio. Casi sin darme cuenta, llevé el asunto al terreno espiritual: tenemos mucha toma de tierra, demasiada, y hemos olvidado la antena de la vida interior...

—Esta es la causa de que sean tan pocas las almas que mantienen trato con Dios: ojalá nunca nos falte la antena de lo sobrenatural.

511 ¿Minucias y nimiedades a las que nada debo, de las que nada espero, ocupan mi atención más que mi Dios? ¿Con quién estoy, cuando no estoy con Dios?

512 Dile: Señor, nada quiero mas que lo que Tú quieras. Aun lo que en estos días vengo pidién- dote, si me aparta un milímetro de la Voluntad tuya, no me lo des.

513 El secreto de la eficacia radica en que seas piadoso, sinceramente piadoso: así toda tu jor- nada transcurrirá con El.

514 Propósito: "frecuentar", a ser posible sin interrupción, la amistad y trato amoroso y dócil con el Espíritu Santo. —«Veni, Sancte Spiritus...!» —¡Ven, Espíritu Santo, a morar en mi alma!

515 Repite de todo corazón y siempre con más amor, más aún cuando estés cerca del Sagrario o tengas al Señor dentro de tu pecho: «non est qui se abscondat a calore eius» —que no te rehúya, que el fuego de tu Espíritu me llene.

516 «Ure igne Sancti Spiritus!» —¡quémame con el fuego de tu Espíritu!, clamas. Y añades: ¡es necesario que cuanto antes empiece de nuevo mi pobre alma el vuelo..., y que no deje de volar hasta descansar en El!

—Me parecen muy bien tus deseos. Mu- cho voy a encomendarte al Paráclito; de continuo le invocaré, para que se asiente en el centro de tu ser y presida y dé tono sobrenatural a todas tus acciones, palabras, pensamientos y afanes.

517 Al celebrar la fiesta de la Exaltación de la Santa Cruz, suplicaste al Señor, con todas las veras de tu alma, que te concediera su gracia para "exaltar" la Cruz Santa en tus potencias y en tus sentidos... ¡Una vida nueva! Un resello: para dar firmeza a la autenticidad de tu embajada..., ¡todo tu ser en la Cruz!

—Veremos, veremos.

518 La mortificación ha de ser continua, como el latir del corazón: así tendremos señorío sobre nosotros mismos, y viviremos con los demás la caridad de Jesucristo.

519 Amar la Cruz es saberse fastidiar gustosamente por amor de Cristo, aunque cueste y porque cuesta...: no te falta la experiencia de que resulta compatible.

520 La alegría cristiana no es fisiológica: su fundamento es sobrenatural, y está por encima de la enfermedad y de la contradicción.

—Alegría no es alborozo de cascabeles o de baile popular.

La verdadera alegría es algo más íntimo: algo que nos hace estar serenos, rebosantes de gozo, aunque a veces el rostro permanezca severo.

521   Te escribía: aunque comprendo que es un modo normal de decir, siento desagrado cuando oigo llamar cruces a las contradicciones nacidas de la soberbia de la persona. Estas cargas no son la Cruz, la verdadera Cruz, porque no son la Cruz de Cristo.

Lucha, pues, contra esas adversidades inventadas, que nada tienen que ver con el resello de Cristo: ¡despréndete de todos los disfraces del propio yo!

522   Aun en las jornadas en las que parece que se pierde el tiempo, a través de la prosa de los mil pequeños detalles, diarios, hay poesía más que bastante para sentirse en la Cruz: en una Cruz sin espectáculo.

523   No pongas el corazón en nada caduco: imita a Cristo, que se hizo pobre por nosotros, y no tenía dónde reclinar su cabeza.

—Pídele que te conceda, en medio del mundo, un efectivo desasimiento, sin atenuantes.

524 Un signo claro de desprendimiento es no considerar —de verdad— cosa alguna como propia.

525 El que vive sinceramente la fe, sabe que los bienes temporales son medios, y los usa con generosidad, de modo heroico.

526 Cristo resucitado, glorioso, se ha despojado de todo lo terreno, para que sus hermanos los hombres pensemos de qué hemos de despojarnos.

527 Hay que amar a la Santísima Virgen: ¡nunca la amaremos bastante!

—¡Quiérela mucho! —Que no te baste colocar imágenes suyas, y saludarlas, y decir jaculatorias, sino que sepas ofrecer —en tu vida llena de reciedumbre— algún pequeño sacrificio cada día, para manifestarle tu amor, y el que queremos que le profese la humanidad entera.

528 Esta es la verdad del cristiano: entrega y amor —amor a Dios y, por El, al prójimo—, fundamentados en el sacrificio.

529 Jesús, en tus brazos confiadamente me pongo, escondida mi cabeza en tu pecho amoroso, pegado mi corazón a tu Corazón: quiero, en todo, lo que Tú quieras.

530 Hoy, cuando el ambiente está lleno de desobediencia, de murmuración, de trapisonda, de enredo, hemos de amar más que nunca la obediencia, la sinceridad, la lealtad, la sencillez: y todo, con sentido sobrenatural, que nos hará más humanos.

531 Me dices que sí, que estás firmemente decidido a seguir a Cristo.

—¡Pues has de ir al paso de Dios; no al tuyo!

532 ¿Que cuál es el fundamento de nuestra fidelidad?

—Te diría, a grandes rasgos, que se basa en el amor de Dios, que hace vencer todos los obstáculos: el egoísmo, la soberbia, el cansancio, la impaciencia...

—Un hombre que ama se pisotea a sí mismo; le consta que, aun amando con toda su alma, todavía no sabe amar bastante.

533 Me decían —y lo copio, porque es muy hermoso— que hablaba así una monjica arago-nesa, agradecida a la bondad paternal de Dios: "¡Qué «agudo» es!: está en todo".

534 Tú —como todos los hijos de Dios— necesi-tas también de la oración personal: de esa intimidad, de ese trato directo con Nuestro Señor —diálogo de dos, cara a cara—, sin esconderte en el anonimato.

535 La primera condición de la oración es la perseverancia; la segunda, la humildad.
        —Sé santamente tozudo, con confianza. Piensa que el Señor, cuando le pedimos algo im-portante, quizá quiere la súplica de muchos años. ¡Insiste!..., pero insiste siempre con más confianza.

536 Persevera en la oración, como aconseja el Maestro. Este punto de partida será el origen de tu paz, de tu alegría, de tu serenidad y, por tanto, de tu eficacia sobrenatural y humana.

537 En un lugar donde se hablaba y se oía mú-sica, surgió la oración en tu alma, con un con-suelo inexplicable. Terminaste diciendo: Jesús, no quiero el consuelo, te quiero a Ti.

538 Tu vida ha de ser oración constante, diálogo continuo con el Señor: ante lo agradable y lo
desagradable, ante lo fácil y lo difícil, ante lo ordinario y lo extraordinario...

En todas las ocasiones, ha de venir a tu cabeza, enseguida, la charla con tu Padre Dios, bus-
cándole en el centro de tu alma.

539 ¡Recogerse en oración, en meditación, es
tan fácil...! Jesús no nos hace esperar, no impone
antesalas: es El quien aguarda.

Basta con que digas: ¡Señor, quiero hacer
oración, quiero tratarte!, y ya estás en la presencia de Dios, hablando con El.

Por si fuera poco, no te cercena el tiempo:
lo deja a tu gusto. Y esto, no durante diez minutos
o un cuarto de hora. ¡No!, ¡horas, el día entero! Y
El es quien es: el Omnipotente, el Sapientísimo.

540 En la vida interior, como en el amor humano, es preciso ser perseverante.

Sí, has de meditar muchas veces los mismos argumentos, insistiendo hasta descubrir un
nuevo Mediterráneo.

—¿Y cómo no habré visto antes esto así de

claro?, te preguntarás sorprendido. —Sencilla-mente, porque a veces somos como las piedras, que dejan resbalar el agua, sin absorber ni una gota.

—Por eso, es necesario volver a discurrir sobre lo mismo, ¡que no es lo mismo!, para em-paparnos de las bendiciones de Dios.

541 En el Santo Sacrificio del altar, el sacer-dote toma el Cuerpo de nuestro Dios y el Cáliz con su Sangre, y los levanta sobre todas las cosas de la tierra, diciendo: «Per Ipsum, et cum Ipso, et in Ipso» —¡por mi Amor!, ¡con mi Amor!, ¡en mi Amor!

Unete a ese gesto. Más: incorpora esa rea-lidad a tu vida.

542 Cuenta el Evangelista que Jesús, después de haber obrado el milagro, cuando quieren coro-narle rey, se esconde.

—Señor, que nos haces participar del mi-lagro de la Eucaristía: te pedimos que no te escon-das, que vivas con nosotros, que te veamos, que te toquemos, que te sintamos, que queramos estar siempre junto a Ti, que seas el Rey de nuestras vi-das y de nuestros trabajos.

543 Trata a las tres Personas, a Dios Padre, a Dios Hijo, a Dios Espíritu Santo. Y para llegar a la Trinidad Beatísima, pasa por María.

544 No tiene fe "viva" el que no tiene entrega actual a Jesucristo.

545 Todo cristiano debe buscar y tratar a Cristo, para poder amarle siempre más. —Pasa como con el noviazgo: el trato es necesario, porque, si dos personas no se tratan, no pueden llegar a quererse. Y nuestra vida es de Amor.

546 Deténte a considerar la ira santa del Maestro, cuando ve que, en el Templo de Jerusalén, maltratan las cosas de su Padre.

—¡Qué lección, para que nunca te quedes indiferente, ni seas cobarde, cuando no tratan respetuosamente lo que es de Dios!

547 Enamórate de la Santísima Humanidad de Jesucristo.

—¿No te da alegría que haya querido ser como nosotros? ¡Agradece a Jesús este colmo de bondad!

548 Ha llegado el Adviento. ¡Qué buen tiempo para remozar el deseo, la añoranza, las ansias sinceras por la venida de Cristo!, ¡por su venida cotidiana a tu alma en la Eucaristía! —«Ecce veniet!» —¡que está al llegar!, nos anima la Iglesia.

549 Navidad. —Cantan: «venite, venite...» —Vayamos, que Él ya ha nacido.

Y, después de contemplar cómo María y José cuidan del Niño, me atrevo a sugerirte: mírale de nuevo, mírale sin descanso.

550 Aunque nos pese —y pido a Dios que nos aumente este dolor—, tú y yo no somos ajenos a la muerte de Cristo, porque los pecados de los hombres fueron los martillazos, que le cosieron con clavos al madero.

551 San José: no se puede amar a Jesús y a María sin amar al Santo Patriarca.

552 Mira cuántos motivos para venerar a San José y para aprender de su vida: fue un varón fuerte en la fe...; sacó adelante a su familia —a Jesús y a María—, con su trabajo esforzado...; guardó la pureza de la Virgen, que era su Esposa...; y respetó

—¡amó!— la libertad de Dios, que hizo la elección, no sólo de la Virgen como Madre, sino también de él como Esposo de Santa María.

553 San José, Padre y Señor nuestro, castísimo, limpísimo, que has merecido llevar a Jesús Niño en tus brazos, y lavarle y abrazarle: enséñanos a tratar a nuestro Dios, a ser limpios, dignos de ser otros Cristos.

Y ayúdanos a hacer y a enseñar, como Cristo, los caminos divinos —ocultos y luminosos—, diciendo a los hombres que pueden, en la tierra, tener de continuo una eficacia espiritual extraordinaria.

554 Quiere mucho a San José, quiérele con toda tu alma, porque es la persona que, con Jesús, más ha amado a Santa María y el que más ha tratado a Dios: el que más le ha amado, después de nuestra Madre.

—Se merece tu cariño, y te conviene tratarle, porque es Maestro de vida interior, y puede mucho ante el Señor y ante la Madre de Dios.

555 La Virgen. ¿Quién puede ser mejor Maestra de amor a Dios que esta Reina, que esta Señora, que esta Madre, que tiene la relación más íntima con la Trinidad: Hija de Dios Padre, Madre de Dios Hijo, Esposa de Dios Espíritu Santo, y que es a la vez Madre nuestra?

—Acude personalmente a su intercesión.

556 Llegarás a ser santo si tienes caridad, si sabes hacer las cosas que agraden a los demás y que no sean ofensa a Dios, aunque a ti te cuesten.

557 San Pablo nos da una receta de caridad fina: «alter alterius onera portate et sic adimplebitis legem Christi» —llevad los unos las cargas de los otros, y así cumpliréis la ley de Cristo.

—¿Se cumple en tu vida?

558 Jesús Señor Nuestro amó tanto a los hombres, que se encarnó, tomó nuestra naturaleza y vivió en contacto diario con pobres y ricos, con justos y pecadores, con jóvenes y viejos, con gentiles y judíos.

Dialogó constantemente con todos: con los que le querían bien, y con los que sólo buscaban el modo de retorcer sus palabras, para condenarle.

—Procura tú comportarte como el Señor.

559 El amor a las almas, por Dios, nos hace querer a todos, comprender, disculpar, perdonar...

Debemos tener un amor que cubra la multitud de las deficiencias de las miserias humanas. Debemos tener una caridad maravillosa, «veritatem facientes in caritate», defendiendo la verdad, sin herir.

560 Cuando te hablo del "buen ejemplo", quiero indicarte también que has de comprender y disculpar, que has de llenar el mundo de paz y de amor.

561 Pregúntate con frecuencia: ¿me esmero para afinar en la caridad, con quienes conviven conmigo?

562 Al predicar que hay que hacerse alfombra en donde los demás pisen blando, no pretendo decir una frase bonita: ¡ha de ser una realidad!

—Es difícil, como es difícil la santidad; pero es fácil, porque —insisto— la santidad es asequible a todos.

563 En medio de tanto egoísmo, de tanta indiferencia —¡cada uno a lo suyo!—, recuerdo aquellos borriquitos de madera, fuertes, robustos, trotando sobre una mesa... —Uno perdió una pata. Pero seguía adelante, porque se apoyaba en los otros.

564 Los católicos —al defender y mantener la verdad, sin transigencias— hemos de esforzarnos en crear un clima de caridad, de convivencia, que ahogue todos los odios y rencores.

565 En un cristiano, en un hijo de Dios, amistad y caridad forman una sola cosa: luz divina que da calor.

566 La práctica de la corrección fraterna —que tiene entraña evangélica— es una prueba de sobrenatural cariño y de confianza.

Agradécela cuando la recibas, y no dejes de practicarla con quienes convives.

567 Al corregir, porque resulta necesario y se quiere cumplir con el deber, hay que contar con el dolor ajeno y con el dolor propio.

Pero que esa realidad no te sirva nunca de excusa, para inhibirte.

568 Ponte muy cerca de tu Madre la Virgen. —Tú debes estar siempre unido a Dios: busca la unión con El, junto a su Madre bendita.

569 Oyeme bien: estar en el mundo y ser del mundo no quiere decir ser mundanos.

570 Tú has de comportarte como una brasa encendida, que pega fuego donde quiera que esté; o, por lo menos, procura elevar la temperatura espiritual de los que te rodean, llevándoles a vivir una intensa vida cristiana.

571 Dios quiere que sus obras, confiadas a los hombres, salgan adelante a base de oración y de mortificación.

572 El fundamento de toda nuestra actividad como ciudadanos —como ciudadanos católicos— está en una intensa vida interior: en ser, eficaz y realmente, hombres y mujeres que hacen de su jornada un diálogo ininterrumpido con Dios.

573 Cuando estés con una persona, has de ver un alma: un alma a la que hay que ayudar, a la que hay que comprender, con la que hay que convivir y a la que hay que salvar.

574 Te empeñas en andar solo, haciendo tu propia voluntad, guiado exclusivamente por tu propio juicio... y, ¡ya lo ves!, el fruto se llama "infecundidad".

Hijo, si no rindes tu juicio, si eres soberbio, si te dedicas a "tu" apostolado, trabajarás toda la noche —¡toda tu vida será una noche!—, y al final amanecerás con las redes vacías.

575 Pensar en la Muerte de Cristo se traduce en una invitación a situarnos ante nuestro quehacer cotidiano, con absoluta sinceridad, y a tomarnos en serio la fe que profesamos.

Ha de ser una ocasión de ahondar en la hondura del Amor de Dios, para poder así —con la palabra y con las obras— mostrarlo a los hombres.

576 Procura que en tu boca de cristiano —que eso eres y has de ser a toda hora— esté la "imperiosa" palabra sobrenatural que mueva, que incite, que sea la expresión de tu disposición vital comprometida.

577 Se esconde una gran comodidad —y a veces una gran falta de responsabilidad— en quienes, constituidos en autoridad, huyen del dolor de corregir, con la excusa de evitar el sufrimiento a otros.

Se ahorran quizá disgustos en esta vida..., pero ponen en juego la felicidad eterna —suya y de los otros— por sus omisiones, que son verdaderos pecados.

578 El santo, para la vida de tantos, es "incómodo". Pero eso no significa que haya de ser insoportable.

—Su celo nunca debe ser amargo; su corrección nunca debe ser hiriente; su ejemplo nunca debe ser una bofetada moral, arrogante, en la cara del prójimo.

579 Aquel joven sacerdote solía dirigirse a Jesús, con las palabras de los Apóstoles: «edissere nobis parabolam» —explícanos la parábola. Y añadía: Maestro, mete en nuestras almas la claridad de tu doctrina, para que nunca falte en nuestras vidas y en nuestras obras..., y para que la podamos dar a los demás.

—Díselo tú también al Señor.

580 Ten siempre el valor, que es humildad y servicio de Dios, de presentar las verdades de la fe tal como son, sin cesiones ni ambigüedades.

581 No cabe otra disposición en un católico: defender "siempre" la autoridad del Papa; y estar "siempre" dócilmente decidido a rectificar la opinión, ante el Magisterio de la Iglesia.

582 Hace mucho tiempo una persona, indiscretamente, me preguntó si los que seguimos la carrera sacerdotal tenemos retiro, jubilación, al llegar a viejos... Como no le contestara, insistió el importuno.

—Entonces se me ocurrió la respuesta que, a mi juicio, no tiene vuelta de hoja: el sacerdocio —le dije— no es una carrera, ¡es un apostolado!

—Así lo siento. Y quise ponerlo en estas notas, para que —con la ayuda del Señor— jamás se nos olvide la diferencia.

583 Tener espíritu católico implica que ha de pesar sobre nuestros hombros la preocupación por toda la Iglesia, no sólo de esta parcela concreta o de aquella otra; y exige que nuestra oración se extienda de norte a sur, de este a oeste, con generosa petición.

Entenderás así la exclamación —la jaculatoria— de aquel amigo, ante el desamor de tantos hacia nuestra Santa Madre: ¡me duele la Iglesia!

584 "Carga sobre mí la solicitud por todas las iglesias", escribía San Pablo; y este suspiro del Apóstol recuerda a todos los cristianos —¡también a ti!— la responsabilidad de poner a los pies de la Esposa de Jesucristo, de la Iglesia Santa, lo que somos y lo que podemos, amándola fidelísimamente, aun a costa de la hacienda, de la honra y de la vida.

585 No te asustes —y, en la medida que puedas, reacciona— ante esa conjuración del silencio, con que quieren amordazar a la Iglesia. Unos no dejan que se oiga su voz; otros no permiten que se contemple el ejemplo de los que la predican con las obras; otros borran toda huella de buena doctrina..., y tantas mayorías no la soportan.

No te asustes, repito, pero no te canses de hacer de altavoz a las enseñanzas del Magisterio.

586 Hazte cada día más "romano", ama esa condición bendita, que adorna a los hijos de la única y verdadera Iglesia, puesto que así lo ha querido Jesucristo.

587 La devoción a la Virgen, en las almas cristianas, despierta el impulso sobrenatural para obrar como «domestici Dei» —como miembros de la familia de Dios.

VICTORIA

588 Imita a la Virgen Santa: sólo el reconocimiento cabal de nuestra nada puede hacernos preciosos a los ojos del Creador.

589 Estoy persuadido de que Juan, el Apóstol joven, permanece al lado de Cristo en la Cruz, porque la Madre lo arrastra: ¡tanto puede el Amor de Nuestra Señora!

590 No alcanzaremos jamás la auténtica alegría sobrenatural y humana, el "verdadero" buen humor, si no imitamos "de verdad" a Jesús; si no somos, como El, humildes.

591   Darse sinceramente a los demás es de tal eficacia, que Dios lo premia con una humildad llena de alegría.

592   La humillación, el anonadamiento, el esconderse y desaparecer, deben ser totales, absolutos.

593   Humildad sincera: ¿qué le podrá perturbar a quien tiene por deleite las injurias, pues sabe que no merece otro trato?

594   Jesús mío: lo mío es lo tuyo, porque lo tuyo es mío y lo mío lo abandono en Ti.

595   ¿Eres capaz de pasar por esas humillaciones, que te pide Dios, en cosas que no tienen importancia, que no obscurecen la verdad? —¿No?: ¡entonces no amas la virtud de la humildad!

596   La soberbia entorpece la caridad. —Pide a diario al Señor —para ti y para todos— la virtud de la humildad, porque con los años la soberbia aumenta, si no se corrige a tiempo.

597   ¿Puede darse algo más antipático que un niño haciéndose el hombre? ¿Qué simpatía de-

lante de su Dios tendrá un pobre hombre —un niño—, haciéndose el grande, hinchado por la soberbia, convencido de su valor, confiando sólo en sí mismo?

598 Ciertamente tú puedes condenarte. Bien convencido estás, pues en tu corazón se encuentran gérmenes de todas las maldades.

Pero si te haces niño delante de Dios, esta circunstancia te llevará a unirte a tu Padre-Dios y a tu Madre Santa María. Y San José y tu Angel no te desampararán, al verte niño.

—Ten fe, haz cuanto puedas, ¡penitencia y Amor!, y lo que falte lo pondrán Ellos.

599 ¡Cuánto cuesta vivir la humildad!, porque —afirma la sabiduría popular cristiana— "la soberbia muere veinticuatro horas después de haber muerto la persona".

Por lo tanto, cuando —en contra de lo que te dice quien ha recibido gracia especial de Dios, para orientar tu alma— piensas que tú tienes razón, convéncete de que no "tienes razón ninguna".

600 Servir y dar formación a los niños; atender con cariño a los enfermos.

Para hacerse entender de las almas sencillas, hay que humillar la inteligencia; para comprender a los pobres enfermos, hay que humillar el corazón. Y así, de rodillas el entendimiento y la carne, es fácil llegar a Jesús, por el camino seguro de la miseria humana, de la miseria propia, que lleva a anonadarse, para dejar a Dios que construya sobre nuestra nada.

601 Propósito: no habiendo verdadera necesidad, nunca hablaré de mis cosas personales.

602 ¡Agradece a Jesús la seguridad que te da! Porque no es tozudez: es luz de Dios, que te hace encontrarte firme, como sobre roca, cuando otros, a quienes toca hacer un triste papel —siendo tan buenos—, parecen hundirse en la arena..., faltos del fundamento de la fe.

Pide al Señor que las exigencias de la virtud de la fe se cumplan en tu vida y en la de todos.

603 Si yo fuera de otro modo, si dominara más mi genio, si te fuera más fiel, Señor, ¡de qué admirable manera ibas a ayudarnos!

604 Las ansias de reparación, que pone tu Padre Dios en tu alma, se verán satisfechas, si unes tu pobre expiación personal a los méritos infinitos de Jesús.

—Rectifica la intención, ama el dolor en El, con El y por El.

605 No sabes si has progresado, ni cuánto...
—¿De qué te serviría ese cálculo?...

—Lo importante es que perseveres, que tu corazón arda en fuego, que veas más luz y más horizonte...: que te afanes por nuestras intenciones, que las presientas —aunque no las conozcas—, y que por todas reces.

606 Dile: no veo, Jesús, ni una flor lozana en mi jardín: todas tienen manchas..., parece que todas han perdido su color y su aroma. ¡Pobre de mí! La boca en el estiércol, en el suelo: así. Este es mi lugar propio.

—De este modo —humillándote—, El vencerá en ti, y alcanzarás la victoria.

607 Te entendí bien, cuando concluías: decididamente casi no llego a borrico..., al borrico que fue el trono de Jesús para entrar en Jerusalén: me quedo formando parte del montoncillo vil de trapos sucios, que desprecia el trapero más pobre.

Pero te comenté: sin embargo, el Señor te ha elegido y quiere que seas instrumento suyo. Por eso, el hecho —real— de verte tan miserable, ha de convertirse en una razón más, para agradecer a Dios su llamada.

608 El canto humilde y gozoso de María, en el «Magnificat», nos recuerda la infinita generosidad del Señor con quienes se hacen como niños, con quienes se abajan y sinceramente se saben nada.

609 Es muy grato a Dios el reconocimiento a su bondad que supone recitar un «Te Deum» de acción de gracias, siempre que acontece un suceso algo extraordinario, sin dar peso a que sea —como lo llama el mundo— favorable o adverso: porque viniendo de sus manos de Padre, aunque el golpe del cincel hiera la carne, es también una prueba de Amor, que quita nuestras aristas para acercarnos a la perfección.

610 Los hombres, cuando quieren realizar algún trabajo, procuran usar los medios apropiados.

Si yo hubiera vivido hace siglos, hubiese empleado una pluma de ave para escribir; ahora utilizo una pluma estilográfica.

Dios, en cambio, cuando desea llevar a cabo alguna obra, elige medios desproporcionados, para que se note —¡cuántas veces me lo habrás oído!— que la obra es suya.

Por eso, tú y yo, que conocemos el peso enorme de nuestras miserias, debemos decirle al Señor: aunque sea miserable, no dejo de comprender que soy instrumento divino en tus manos.

611 Dedicaremos todos los afanes de nuestra vida —grandes y pequeños— a la honra de Dios Padre, de Dios Hijo, de Dios Espíritu Santo.

—Recuerdo con emoción el trabajo de aquellos universitarios brillantes —dos ingenieros y dos arquitectos—, ocupados gustosamente en la instalación material de una residencia de estudiantes. En cuanto colocaron el encerado en una clase, lo primero que escribieron los cuatro artistas fue: «Deo omnis gloria!» —toda la gloria para Dios.

—Ya sé que te encantó, Jesús.

612 En cualquier lugar donde te halles, acuérdate de que el Hijo del hombre no vino a ser servido, sino a servir, y convéncete de que quien quiera seguirle no ha de pretender otra línea de conducta.

613 Dios tiene sobre nosotros, hijos suyos, un derecho especial: el derecho a que correspondamos a su amor, a pesar de nuestros errores personales. —Este convencimiento, al mismo tiempo que nos impone una responsabilidad, de la que no podemos escapar, nos da seguridad plena: somos instrumentos en las manos de Dios, con los que El cuenta diariamente y, por eso, diariamente, nos esforzamos en servirle.

614 El Señor espera que los instrumentos hagan lo posible para estar bien dispuestos: y tú has de procurar que nunca falte esa buena disposición tuya.

615 Yo entiendo que cada Avemaría, cada saludo a la Virgen, es un nuevo latido de un corazón enamorado.

616 Nuestra vida —la de los cristianos— ha de ser así de vulgar: procurar hacer bien, todos los días, las mismas cosas que tenemos obligación de vivir; realizar en el mundo nuestra misión divina, cumpliendo el pequeño deber de cada instante.
    —Mejor: esforzándonos por cumplirlo, porque a veces no lo conseguiremos y, al venir la

noche, en el examen, tendremos que decir al Señor: no te ofrezco virtudes; hoy sólo puedo ofrecerte defectos, pero —con tu gracia— llegaré a llamarme vencedor.

617 Deseo de todo corazón que, por la misericordia de Dios, El —a pesar de tus pecados (¡nunca más ofender a Jesús!)— te haga "vivir habitualmente esa vida dichosa de amar su Voluntad".

618 En el servicio de Dios, no hay oficios de poca categoría: todos son de mucha importancia.

—La categoría del oficio depende del nivel espiritual del que lo realiza.

619 ¿No te da alegría esa certeza, segura, de que Dios se interesa hasta de las más pequeñas cosas de sus criaturas?

620 Manifiéstale de nuevo que quieres eficazmente ser suyo: oh, Jesús, ayúdame, hazme tuyo de veras: que arda y me consuma, a fuerza de pequeñas cosas inadvertidas para todos.

621 Santo Rosario. —Los gozos, los dolores y las glorias de la vida de la Virgen tejen una co-

rona de alabanzas, que repiten ininterrumpidamente los Angeles y los Santos del Cielo..., y quienes aman a nuestra Madre aquí en la tierra.

—Practica a diario esta devoción santa, y difúndela.

622 El bautismo nos hace «fideles» —fieles, palabra que, como aquella otra, «sancti» —santos, empleaban los primeros seguidores de Jesús para designarse entre sí, y que aún hoy se usa: se habla de los "fieles" de la Iglesia.

—¡Piénsalo!

623 Dios no se deja ganar en generosidad, y —¡tenlo por bien cierto!— concede la fidelidad a quien se le rinde.

624 Exígete sin miedo. En su vida escondida, muchas almas así lo hacen, para que sólo el Señor se luzca.

Quisiera que tú y yo reaccionásemos como aquella persona —que deseaba ser muy de Dios— en la fiesta de la Sagrada Familia, entonces celebrada en la infraoctava de Epifanía.

—"No me faltan crucecicas. Una de ayer —me costó, hasta llorar— me ha traído a la consideración, en el día de hoy, que mi Padre y Señor San José y mi Madre Santa María no han querido dejar a «su niño» sin regalo de Reyes. Y el regalo ha sido luz para conocer mi desagradecimiento con Jesús, por falta de correspondencia a la gracia, y el error enorme que supone en mí el oponerme, con mi conducta villana, a la Voluntad Santísima de Dios, que me quiere para instrumento suyo".

625 Cuando las santas mujeres llegaron al sepulcro, repararon en que la piedra estaba apartada.

¡Esto pasa siempre!: cuando nos decidimos a hacer lo que debemos, las dificultades se superan fácilmente.

626 Convéncete de que, si no aprendes a obedecer, no serás eficaz.

627 Cuando recibas una orden, ¡que nadie te gane en saber obedecer!, lo mismo si hace frío o calor, si estás con ánimos o cansado, si eres joven o no lo eres tanto.

Una persona que "no sabe obedecer", no aprenderá nunca a mandar.

628 Torpeza insigne es que el Director se conforme con que un alma dé cuatro, cuando puede dar doce.

629 Tú has de obedecer —o has de mandar— poniendo siempre mucho amor.

630 Querría —ayúdame con tu oración— que, en la Iglesia Santa, todos nos sintiéramos miembros de un solo cuerpo, como nos pide el Apóstol; y que viviéramos a fondo, sin indiferencias, las alegrías, las tribulaciones, la expansión de nuestra Madre, una, santa, católica, apostólica, romana.

Querría que viviésemos la identidad de unos con otros, y de todos con Cristo.

631 Persuádete, hijo, de que desunirse, en la Iglesia, es morir.

632 Pide a Dios que en la Iglesia Santa, nuestra Madre, los corazones de todos, como en la primitiva cristiandad, sean un mismo corazón, para que hasta el final de los siglos se cumplan de verdad las palabras de la Escritura: «multitudinis autem credentium erat cor unum et anima una» —la multitud de los fieles tenía un solo corazón y una sola alma.

—Te hablo muy seriamente: que por ti no se lesione esta unidad santa. ¡Llévalo a tu oración!

633 La fidelidad al Romano Pontífice implica una obligación clara y determinada: la de conocer el pensamiento del Papa, manifestado en Encíclicas o en otros documentos, haciendo cuanto esté de nuestra parte para que todos los católicos atiendan al magisterio del Padre Santo, y acomoden a esas enseñanzas su actuación en la vida.

634 Encomiendo de todo corazón, a diario, que el Señor nos conceda el don de lenguas. Un don de lenguas, que no consiste en el conocimiento de varios idiomas, sino en saber adaptarse a la capacidad de los oyentes.

—No se trata de "hablar en necio al vulgo, para que entienda"; sino de hablar en sabio, en cristiano, pero de modo asequible a todos.

—Este don de lenguas es el que pido al Señor y a su Madre bendita para sus hijos.

635 La malicia de algunos y la ignorancia de muchos: he ahí el enemigo de Dios, de la Iglesia.

—Confundamos al malvado, iluminemos la inteligencia del ignorante... Con la ayuda de Dios, y con nuestro esfuerzo, salvaremos al mundo.

636 Hemos de procurar que, en todas las actividades intelectuales, haya personas rectas, de auténtica conciencia cristiana, de vida coherente, que empleen las armas de la ciencia en servicio de la humanidad y de la Iglesia.

Porque nunca faltarán en el mundo, como ocurrió cuando Jesús vino a la tierra, nuevos Herodes que intenten aprovechar los conocimientos científicos, incluso falseándolos, para perseguir a Cristo y a los que son de Cristo.

¡Qué gran labor tenemos por delante!

637 En tu trabajo de almas —trabajo de almas ha de ser tu ocupación entera—, llénate de fe, de esperanza, de amor, porque todas las dificultades se superan.

Para confirmarnos en esta verdad, escribió el salmista: «et Tu, Domine, deridebis eos: ad nihilum deduces omnes gentes» —Tú, Señor, te burlarás de ellos: les reducirás a la nada.

Estas palabras ratifican el «non praevalebunt» —no prevalecerán los enemigos de Dios:

nada han de poder contra la Iglesia ni contra quienes —instrumentos de Dios— sirven a la Iglesia.

638 Nuestra Santa Madre la Iglesia, en magnífica extensión de amor, va esparciendo la semilla del Evangelio por todo el mundo. Desde Roma a la periferia.

—Al colaborar tú en esa expansión, por el orbe entero, lleva la periferia al Papa, para que la tierra toda sea un solo rebaño y un solo Pastor: ¡un solo apostolado!

639 «Regnare Christum volumus!» —queremos que Cristo reine. «Deo omnis gloria!» —para Dios toda la gloria.

Este ideal de guerrear —y vencer— con las armas de Cristo, solamente se hará realidad por la oración y el sacrificio, por la fe y el Amor.

—Pues..., ¡a orar, y a creer, y a sufrir, y a Amar!

640 La labor de la Iglesia, cada día, es como un gran tejido, que ofrecemos al Señor, porque todos los bautizados somos Iglesia.

—Si cumplimos —fieles y entregados—, este gran tejido será hermoso y sin falla. —Pero, si uno suelta un hilo acá, otro allá, y otro por el otro lado..., en lugar de un hermoso tejido, tendremos un harapo hecho jirones.

641 ¿Por qué no te decides a hacer una corrección fraterna? —Se sufre al recibirla, porque cuesta humillarse, por lo menos al principio. Pero, hacerla, cuesta siempre. Bien lo saben todos.

El ejercicio de la corrección fraterna es la mejor manera de ayudar, después de la oración y del buen ejemplo.

642 Por la confianza que El deposita en ti, al haberte traído a la Iglesia, has de tener la mesura, la serenidad, la fortaleza, la prudencia —humana y sobrenatural— de persona madura que adquieren muchos a la vuelta de los años.

No olvides que cristiano, como aprendimos en el Catecismo, significa hombre —mujer— que tiene la fe de Jesucristo.

643 ¿Tú quieres ser fuerte? —Primero, date cuenta de que eres muy débil; y, luego, confía en Cristo, que es Padre y Hermano y Maestro, y que nos hace fuertes, entregándonos los medios para vencer: los sacramentos. ¡Vívelos!

644 Te entendía bien cuando me confiabas: quiero embeberme en la liturgia de la Santa Misa.

645 ¡Valor de la piedad en la Santa Liturgia!

Nada me extrañó lo que, hace unos días, me comentaba una persona hablando de un sacerdote ejemplar, fallecido recientemente: ¡qué santo era!

—¿Le trató Vd. mucho?, le pregunté.

—No —me contestó—, pero le vi una vez celebrar la Santa Misa.

646 Tú que te llamas cristiano, has de vivir la Sagrada Liturgia de la Iglesia, poniendo verdadero interés en orar y en mortificarte por los sacerdotes —especialmente por los nuevos sacerdotes—, en los días señalados para esta intención, y cuando sepas que reciben el Sacramento del Orden.

647 Ofrece la oración, la expiación y la acción por esta finalidad: «ut sint unum!» —para que todos los cristianos tengamos una misma voluntad, un mismo corazón, un mismo espíritu: para que «omnes cum Petro ad Iesum per Mariam!» —que todos, bien unidos al Papa, vayamos a Jesús, por María.

648 Me preguntas, hijo mío, qué puedes hacer para que yo me quede muy contento de ti.

—Si el Señor está satisfecho de ti, también yo lo estoy. Y tú puedes saber si El está contento de ti, por la paz y por la alegría en tu corazón.

649 Característica evidente de un hombre de Dios, de una mujer de Dios, es la paz en su alma: tiene "la paz" y da "la paz" a las personas que trata.

650 Acostúmbrate a apedrear a esos pobres "odiadores", como respuesta a sus pedradas, con Avemarías.

651 No te preocupes si tu labor ahora parece estéril. Cuando la siembra es de santidad, no se pierde; otros recogerán el fruto.

652 Aunque consigas pocas luces en la oración, aunque te parezca premiosa, seca..., has de considerar, siempre con visión nueva y segura, la necesidad de la perseverancia en todos los detalles de tu vida de piedad.

653 Te crecías ante las dificultades del apostolado, orando así: "Señor, Tú eres el de siempre.

Dame la fe de aquellos varones que supieron corresponder a tu gracia y que obraron —en tu
Nombre— grandes milagros, verdaderos prodigios...” —Y concluías: “sé que los harás; pero,
también me consta que quieres que se te pidan,
que quieres que te busquemos, que llamemos
fuertemente a las puertas de tu Corazón”.

      —Al final, renovaste tu decisión de perse-
verar en la oración humilde y confiada.

654 Cuando te veas atribulado..., y también a
la hora del triunfo, repite: Señor, no me sueltes,
no me dejes, ayúdame como a una criatura inex-
perta, ¡llévame siempre de tu mano!

655 «Aquae multae non potuerunt exstinguere
caritatem!!» —la turbulencia de las aguas no
pudo extinguir el fuego de la caridad. —Te
ofrezco dos interpretaciones de estas palabras de
la Escritura Santa. —Una, que la muchedumbre
de tus pecados pasados —a ti, que estás bien arre-
pentido— no te apartará del Amor de nuestro
Dios; y otra, que las aguas de la incomprensión,
de las contradicciones, que quizá padezcas, no deberán interrumpir tu labor apostólica.

656 ¡Acabar!, ¡acabar! —Hijo, «qui perseveraverit usque in finem, hic salvus erit» —se salvará el que persevere hasta el fin.

—Y los hijos de Dios disponemos de los medios, ¡tú también!: cubriremos aguas, porque todo lo podemos en Aquél que nos conforta.

—Con el Señor no hay imposibles: se superan siempre.

657 A veces se presenta un porvenir inmediato lleno de preocupaciones, si perdemos la visión sobrenatural de los sucesos.

—Por lo tanto, hijo, fe entonces..., y más obras. Así es seguro que nuestro Padre-Dios seguirá dando solución a tus problemas.

658 La providencia ordinaria es un continuo milagro, pero... El pondrá medios extraordinarios, cuando sean precisos.

659 El optimismo cristiano no es un optimismo dulzón, ni tampoco una confianza humana en que todo saldrá bien.

Es un optimismo que hunde sus raíces en la conciencia de la libertad y en la seguridad del poder de la gracia; un optimismo que lleva a exigirnos a nosotros mismos, a esforzarnos por corresponder en cada instante a las llamadas de Dios.

660 El día del triunfo del Señor, de su Resurrección es definitivo. ¿Dónde están los soldados que había puesto la autoridad? ¿Dónde están los sellos, que habían colocado sobre la piedra del sepulcro? ¿Dónde están los que condenaron al Maestro? ¿Dónde están los que crucificaron a Jesús?... Ante su victoria, se produce la gran huida de los pobres miserables.

Llénate de esperanza: Jesucristo vence siempre.

661 Si buscas a María, encontrarás "necesariamente" a Jesús, y aprenderás —siempre con mayor profundidad— lo que hay en el Corazón de Dios.

662 Cuando te dispongas a hacer una labor de apostolado, aplícate lo que decía un hombre que buscaba a Dios: "Hoy comienzo a predicar una tanda de ejercicios para sacerdotes. ¡Ojalá saquemos mucho fruto: el primero, yo!"

—Y más tarde: "llevo varios días de ejercicios. Los ejercitantes son ciento veinte. Espero que el Señor haga buena labor en nuestras almas".

663　Hijo, ¡vale la pena que seas humilde, obediente, leal, que te empapes del espíritu de Dios, para llevarlo —desde el puesto que ocupas, desde tu lugar de trabajo— a todas las gentes que pueblan el mundo!

664　En la guerra, de poco serviría el valor de los soldados que se enfrentan con el enemigo, si no hubiera otras gentes que sin tomar, al parecer, parte en la pelea, proporcionan municiones y alimentos y medicinas a los guerreros...

　　—Sin la oración y sin el sacrificio de tantas almas, no habrá verdadero apostolado de acción.

665　¡Poder de hacer milagros!: a cuántas almas muertas, y hasta podridas, resucitarás, si permites a Cristo que actúe en ti.

　　En aquellos tiempos, narran los Evangelios, pasaba el Señor, y ellos, los enfermos, le llamaban y le buscaban. También ahora pasa Cristo con tu vida cristiana y, si le secundas, cuántos le conocerán, le llamarán, le pedirán ayuda y se les abrirán los ojos a las luces maravillosas de la gracia.

666　Te empeñas en ir a tu aire, y tu labor resulta estéril.

Obedece, sé dócil: pues lo mismo que es de necesidad poner cada rueda de una máquina en su lugar (de lo contrario, se para, o se deforman las piezas; y, sin duda, no produce o su rendimiento es muy escaso), así también un hombre o una mujer, sacados de su campo de acción, más bien serán un estorbo que un instrumento de apostolado.

667 El apóstol no tiene otro fin que dejar obrar al Señor, hacerse disponible.

668 También los primeros Doce eran extranjeros en las tierras que evangelizaban, y tropezaban con gentes que construían el mundo sobre bases diametralmente opuestas a la doctrina de Cristo.
—Mira: por encima de esas circunstancias adversas, se sabían depositarios del mensaje divino de la Redención. Y clama el Apóstol: "¡desventurado de mí si no lo predicare!"

669 La eficacia corredentora, ¡eterna!, de nuestras vidas, sólo puede actuarse con la humildad, desapareciendo, para que los demás descubran al Señor.

670 Los hijos de Dios han de ser, en su acción apostólica, como esas potentes instalaciones eléc-

tricas: llenarán de luz el mundo, sin que se vea el foco.

671 Dice Jesús: "quien a vosotros oye a mí me oye".

—¿Crees todavía que son tus palabras las que convencen a los hombres?... Además, no olvides que el Espíritu Santo puede valerse para sus planes del instrumento más inepto.

672 ¡Qué admirablemente se acomodan a los hijos de Dios estas palabras de San Ambrosio! Habla del borrico atado con el asna, que necesitaba Jesús, para su triunfo, y comenta: "sólo una orden del Señor podía desatarlo. Lo soltaron las manos de los Apóstoles. Para un hecho semejante, se requieren un modo de vivir y una gracia especial. Sé tú también apóstol, para poder librar a los que están cautivos".

—Déjame que te glose de nuevo este texto: ¡cuántas veces, por mandato de Jesús, habremos de soltar las ligaduras de las almas, porque El las necesitará para su triunfo! Que sean de apóstol nuestras manos, y nuestras acciones, y nuestra vida... Entonces Dios nos dará también gracia de apóstol, para romper los hierros de los encadenados.

673 No podemos atribuirnos nunca el poder de Jesús, que pasa entre nosotros. El Señor pasa, y transforma las almas, cuando nos ponemos todos junto a El, con un solo corazón, con un solo sentir, con un solo deseo de ser buenos cristianos; pero es El, no tú, ni yo. ¡Es Cristo que pasa!

—Y además, se queda en nuestros corazones —¡en el tuyo y en el mío!—, y en nuestros sagrarios.

—Es Jesús que pasa, y Jesús que se queda. Permanece en ti, en cada uno de vosotros y en mí.

674 El Señor ha querido hacernos corredentores con El.

Por eso, para ayudarnos a comprender esta maravilla, mueve a los evangelistas a relatar tantos grandes prodigios. El podía sacar el pan de donde le pareciera..., ¡pues, no! Busca la cooperación humana: necesita de un niño, de un muchacho, de unos trozos de pan y de unos peces.

—Le hacemos falta tú y yo, ¡y es Dios! —Esto nos ha de urgir a ser generosos, en nuestra correspondencia a sus gracias.

675 Si le ayudas, aunque sea con una nadería, como hicieron los Apóstoles, El está dispuesto a obrar milagros, a multiplicar los panes, a cambiar las voluntades, a dar luz a las inteligencias más oscuras, a hacer —con una gracia extraordinaria— que sean capaces de rectitud los que nunca lo han sido.

Todo esto... y más, si le ayudas con lo que tengas.

676 Jesús ha muerto. Es un cadáver. Aquellas mujeres santas no esperaban nada. Habían visto cómo le habían maltratado y cómo le habían crucificado: ¡qué presente tenían la violencia de aquella Pasión sufrida!

Sabían también que los soldados vigilaban el lugar, sabían que el sepulcro estaba completamente cerrado: ¿quién nos quitará la piedra de la entrada?, se preguntaban, porque era una losa enorme. Sin embargo..., a pesar de todo, ellas acuden a estar con El.

Mira, las dificultades —grandes y pequeñas— se ven enseguida..., pero, si hay amor, no se repara en esos obstáculos, y se procede con audacia, con decisión, con valentía: ¿no has de confesar que sientes vergüenza al contemplar el empuje, la intrepidez y la valentía de estas mujeres?

677 María, tu Madre, te llevará al Amor de Jesús. Y ahí estarás «cum gaudio et pace», con alegría y paz, siempre "llevado" —porque solo te caerías y te llenarías de fango—, camino adelante, para creer, para amar y para sufrir.

LABOR

678 Por la enseñanza paulina, sabemos que hemos de renovar el mundo en el espíritu de Jesucristo, que hemos de colocar al Señor en lo alto y en la entraña de todas las cosas.

—¿Piensas tú que lo estás cumpliendo en tu oficio, en tu tarea profesional?

679 ¿Por qué no pruebas a convertir en servicio de Dios tu vida entera: el trabajo y el descanso, el llanto y la sonrisa?

—Puedes..., ¡y debes!

680 Todas y cada una de las criaturas, todos los sucesos de esta vida, sin excepción, han de ser escalones que te lleven a Dios, y que te muevan a conocerle y amarle, a darle gracias, y a procurar que todos le conozcan y le amen.

681 Estamos obligados a trabajar, y a trabajar a conciencia, con sentido de responsabilidad, con amor y perseverancia, sin abandonos ni ligerezas: porque el trabajo es un mandato de Dios, y a Dios, como dice el salmista, hay que obedecerle «in laetitia» —¡con alegría!

682 Hemos de conquistar, para Cristo, todo valor humano que sea noble.

683 Cuando se vive de veras la caridad, no queda tiempo de buscarse a sí mismo; no hay espacio para la soberbia; ¡no se nos ocurrirán más que ocasiones de servir!

684 Cualquier actividad —sea o no humanamente muy importante— ha de convertirse para ti en un medio de servir al Señor y a los hombres: ahí está la verdadera dimensión de su importancia.

685 Trabaja siempre, y en todo, con sacrificio, para poner a Cristo en la cumbre de todas las actividades de los hombres.

686 La correspondencia a la gracia también está en esas cosas menudas de la jornada, que parecen sin categoría y, sin embargo, tienen la trascendencia del Amor.

687 No cabe olvidar que el trabajo digno, noble y honesto, en lo humano, puede —¡y debe!— elevarse al orden sobrenatural, pasando a ser un quehacer divino.

688 Jesús, Señor y Modelo nuestro, creciendo y viviendo como uno de nosotros, nos revela que la existencia humana —la tuya—, las ocupaciones corrientes y ordinarias, tienen un sentido divino, de eternidad.

689 Admira la bondad de nuestro Padre Dios: ¿no te llena de gozo la certeza de que tu hogar, tu familia, tu país, que amas con locura, son materia de santidad?

690 Hija mía, que has constituido un hogar, me gusta recordarte que las mujeres —¡bien lo sabes!— tenéis mucha fortaleza, que sabéis envolver en una dulzura especial, para que no se note. Y, con esa fortaleza, podéis hacer del marido y de los hijos instrumentos de Dios o diablos.

—Tú los harás siempre instrumentos de Dios: el Señor cuenta con tu ayuda.

691 Me conmueve que el Apóstol califique al matrimonio cristiano de «sacramentum magnum» —sacramento grande. También de aquí deduzco que la labor de los padres de familia es importantísima.

—Participáis del poder creador de Dios y, por eso, el amor humano es santo, noble y bueno: una alegría del corazón, a la que el Señor —en su providencia amorosa— quiere que otros libremente renunciemos.

—Cada hijo que os concede Dios es una gran bendición divina: ¡no tengáis miedo a los hijos!

692 En mis conversaciones con tantos matrimonios, les insisto en que mientras vivan ellos y vivan también sus hijos, deben ayudarles a ser santos, sabiendo que en la tierra no seremos santos ninguno. No haremos más que luchar, luchar y luchar.

—Y añado: vosotros, madres y padres cristianos, sois un gran motor espiritual, que manda a los vuestros fortaleza de Dios para esa lucha, para vencer, para que sean santos. ¡No les defraudéis!

693 No tengas miedo de querer a las almas, por El; y no te importe querer todavía más a los tuyos, siempre que queriéndoles tanto, a El le quieras millones de veces más.

694 «Coepit facere et docere» —comenzó Jesús a hacer y luego a enseñar: tú y yo hemos de dar el testimonio del ejemplo, porque no podemos llevar una doble vida: no podemos enseñar lo que no practicamos. En otras palabras, hemos de enseñar lo que, por lo menos, luchamos por practicar.

695 Cristiano: estás obligado a ser ejemplar en todos los terrenos, también como ciudadano, en el cumplimiento de las leyes encaminadas al bien común.

696 Ya que eres tan exigente en que, hasta en los servicios públicos, los demás cumplan sus obligaciones —¡es un deber!, afirmas—, ¿has pensado si respetas tu horario de trabajo, si lo realizas a conciencia?

697 Observa todos tus deberes cívicos, sin querer sustraerte al cumplimiento de ninguna obligación; y ejercita todos tus derechos, en bien de la colectividad, sin exceptuar imprudentemente ninguno.

　　—También has de dar ahí testimonio cristiano.

698 Si queremos de veras santificar el trabajo, hay que cumplir ineludiblemente la primera condición: trabajar, ¡y trabajar bien!, con seriedad humana y sobrenatural.

699 Que tu caridad sea amable: no debe faltar nunca en tus labios, con la prudencia y la naturalidad debidas, y aunque llores por dentro, una sonrisa para todos, un servicio sin regateos.

700 Ese trabajo acabado a medias es sólo una caricatura del holocausto que Dios te pide.

701 Si afirmas que quieres imitar a Cristo..., y te sobra tiempo, andas por caminos de tibieza.

702 Las tareas profesionales —también el trabajo del hogar es una profesión de primer orden— son testimonio de la dignidad de la criatura humana; ocasión de desarrollo de la propia personalidad; vínculo de unión con los demás; fuente de recursos; medio de contribuir a la mejora de la sociedad, en la que vivimos, y de fomentar el progreso de la humanidad entera...

—Para un cristiano, estas perspectivas se alargan y se amplían aún más, porque el trabajo —asumido por Cristo como realidad redimida y redentora— se convierte en medio y en camino de santidad, en concreta tarea santificable y santificadora.

703 Ha querido el Señor que sus hijos, los que hemos recibido el don de la fe, manifestemos la original visión optimista de la creación, el "amor al mundo" que late en el cristianismo.

—Por tanto, no debe faltar nunca ilusión en tu trabajo profesional, ni en tu empeño por construir la ciudad temporal.

704 Has de permanecer vigilante, para que tus éxitos profesionales o tus fracasos —¡que vendrán!— no te hagan olvidar, aunque sólo sea momentáneamente, cuál es el verdadero fin de tu trabajo: ¡la gloria de Dios!

705 La responsabilidad cristiana en el trabajo no se traduce sólo en llenar las horas, sino en realizarlo con competencia técnica y profesional... y, sobre todo, con amor de Dios.

706 ¡Qué pena matar el tiempo, que es un tesoro de Dios!

707 Como todas las profesiones honestas pueden y deben ser santificadas, ningún hijo de Dios tiene derecho a decir: no puedo hacer apostolado.

708 De la vida oculta de Jesucristo has de sacar esta otra consecuencia: no tener prisa..., ¡teniéndola!

Es decir, antes que nada está la vida interior; lo demás, el apostolado, todo apostolado, es un corolario.

709 Enfréntate con los problemas de este mundo, con sentido sobrenatural y de acuerdo con las normas morales, que no amenazan ni destruyen la personalidad, aunque sí la encauzan.

—Conferirás así a tu conducta una fuerza vital, que arrastre; y te confirmarás en tu marcha por el recto camino.

710 Dios Nuestro Señor te quiere santo, para que santifiques a los demás. —Y para esto, es preciso que tú —con valentía y sinceridad— te mires a ti mismo, que mires al Señor Dios Nuestro..., y luego, sólo luego, que mires al mundo.

711 Fomenta tus cualidades nobles, humanas. Pueden ser el comienzo del edificio de tu santificación. A la vez, recuerda que —como ya te he dicho en otra ocasión— en el servicio de Dios hay que quemarlo todo, hasta el "qué dirán", hasta eso que llaman reputación, si es necesario.

712 Necesitas formación, porque has de tener un hondo sentido de responsabilidad, que promueva y anime la actuación de los católicos en la vida pública, con el respeto debido a la libertad de cada uno, y recordando a todos que han de ser coherentes con su fe.

713 Por medio de tu trabajo profesional, acabado con la posible perfección sobrenatural y humana, puedes —¡debes!— dar criterio cristiano en los lugares donde ejerzas tu profesión u oficio.

714 Como cristiano, tienes el deber de actuar, de no abstenerte, de prestar tu propia colaboración para servir con lealtad, y con libertad personal, al bien común.

715 Los hijos de Dios, ciudadanos de la misma categoría que los otros, hemos de participar "sin miedo" en todas las actividades y organizaciones honestas de los hombres, para que Cristo esté presente allí.

Nuestro Señor nos pedirá cuenta estrecha si, por dejadez o comodidad, cada uno de nosotros, libremente, no procura intervenir en las obras y en las decisiones humanas, de las que dependen el presente y el futuro de la sociedad.

716 Con sentido de profunda humildad —fuertes en el nombre de nuestro Dios y no, como dice el Salmo, "en los recursos de nuestros carros de combate y de nuestros caballos"—, hemos de procurar, sin respetos humanos, que no haya rincones de la sociedad en los que no se conozca a Cristo.

717 Con libertad, y de acuerdo con tus aficio-
nes o cualidades, toma parte activa y eficaz en las
rectas asociaciones oficiales o privadas de tu país,
con una participación llena de sentido cristiano:
esas organizaciones nunca son indiferentes para
el bien temporal y eterno de los hombres.

718 Esfuérzate para que las instituciones y las
estructuras humanas, en las que trabajas y te mueves con pleno derecho de ciudadano, se confor-
men con los principios que rigen una concepción
cristiana de la vida.

Así, no lo dudes, aseguras a los hombres
los medios para vivir de acuerdo con su dignidad,
y facilitarás a muchas almas que, con la gracia de
Dios, puedan responder personalmente a la vocación cristiana.

719 Deber de cristiano y de ciudadano es defender y fomentar, por piedad y por cultura, los mo-
numentos diseminados por calles y caminos —cru-
ceros, imágenes marianas, etc.—, reconstruyendo
los que la barbarie o el tiempo destruyan.

720 Es necesario contrarrestar con denuedo
esas "libertades de perdición", hijas del liberti-

naje, nietas de las malas pasiones, biznietas del pecado original..., que descienden, como se ve, en línea recta del diablo.

721 Por objetividad, y para que no hagan más daño, tengo que insistir en que a los enemigos de Dios no hay que darles publicidad ni "hosannarles"..., tampoco después de muertos.

722 Hoy se ataca a nuestra Madre la Iglesia en lo social y desde el gobierno de los pueblos. Por eso envía Dios a sus hijos —¡a ti!— a luchar, y a difundir la verdad en esas tareas.

723 Por tu condición de ciudadano corriente, precisamente por ese "laicismo" tuyo, igual —ni más, ni menos— al de tus colegas, has de tener la valentía, que en ocasiones no será poca, de hacer "tangible" tu fe: que vean tus buenas obras y el motivo que te empuja.

724 Un hijo de Dios —tú— no debe tener miedo a vivir en el ambiente —profesional, social...— que le es propio: ¡nunca está solo!

—Dios Nuestro Señor, que siempre te acompaña, te concede los medios para que le seas fiel y para que lleves a los demás hasta El.

725 ¡Todo por Amor! Este es el camino de la santidad, de la felicidad.

Afronta con este punto de mira tus tareas intelectuales, las ocupaciones más altas del espíritu y las cosas más a ras de tierra, ésas que necesariamente hemos de cumplir todos, y vivirás alegre y con paz.

726 Tú, por cristiano, dentro de los límites del dogma y de la moral, puedes ceder en todo lo tuyo, y cederlo de todo corazón...: pero, en lo que es de Jesucristo, ¡no puedes ceder!

727 Cuando hayas de mandar, no humilles: procede con delicadeza; respeta la inteligencia y la voluntad del que obedece.

728 Lógicamente has de emplear medios terrenos. —Pero pon un empeño muy grande en estar desprendido de todo lo terreno, para manejarlo pensando siempre en el servicio a Dios y a los hombres.

729 ¿Planificarlo todo? —¡Todo!, me has dicho. —De acuerdo; es necesario ejercitar la prudencia, pero ten en cuenta que las empresas humanas, arduas u ordinarias, conservan siempre un margen de imprevistos..., y que un cristiano, además, no debe cerrar el paso a la esperanza, ni prescindir de la Providencia divina.

730 Has de trabajar con tal visión sobrenatural, que sólo te dejes absorber por tu actividad para divinizarla: así lo terreno se hace divino, lo temporal se hace eterno.

731 Las obras en servicio de Dios nunca se pierden por falta de dinero: se pierden por falta de espíritu.

732 ¿No te da alegría sentir tan cerca la pobreza de Jesús?... ¡Qué bonito carecer hasta de lo necesario! Pero como El: oculta y silenciosamente.

733 La devoción sincera, el verdadero amor a Dios, lleva al trabajo, al cumplimiento —aunque cueste— del deber de cada día.

734 Se ha puesto de relieve, muchas veces, el peligro de las obras sin vida interior que las anime: pero se debería también subrayar el peli-

gro de una vida interior —si es que puede exis-
tir— sin obras.

735 La lucha interior no nos aleja de nuestras
ocupaciones temporales: ¡nos conduce a termi-
narlas mejor!

736 Tu existencia no es repetición de actos iguales, porque el siguiente debe ser más recto, más eficaz, más lleno de amor que el anterior. —¡Cada día
nueva luz, nueva ilusión!, ¡por El!

737 En cada jornada, haz todo lo que puedas
por conocer a Dios, por "tratarle", para enamo-
rarte más cada instante, y no pensar más que en
su Amor y en su gloria.

Cumplirás este plan, hijo, si no dejas ¡por
nada! tus tiempos de oración, tu presencia de
Dios (con jaculatorias y comuniones espirituales,
para encenderte), tu Santa Misa pausada, tu trabajo bien acabado por El.

738 Nunca compartiré la opinión —aunque la
respeto— de los que separan la oración de la vida
activa, como si fueran incompatibles.

Los hijos de Dios hemos de ser contempla-
tivos: personas que, en medio del fragor de la mu-

chedumbre, sabemos encontrar el silencio del alma en coloquio permanente con el Señor: y mirarle como se mira a un Padre, como se mira a un Amigo, al que se quiere con locura.

739 Una persona piadosa, con una piedad sin beatería, cumple su deber profesional con perfección, porque sabe que ese trabajo es plegaria elevada a Dios.

740 Nuestra condición de hijos de Dios nos llevará —insisto— a tener espíritu contemplativo en medio de todas las actividades humanas —luz, sal y levadura, por la oración, por la mortificación, por la cultura religiosa y profesional—, haciendo realidad este programa: cuanto más dentro del mundo estemos, tanto más hemos de ser de Dios.

741 El oro bueno y los diamantes están en las entrañas de la tierra, no en la palma de la mano.

Tu labor de santidad —propia y con los demás— depende de ese fervor, de esa alegría, de ese trabajo tuyo, oscuro y cotidiano, normal y corriente.

742 En nuestra conducta ordinaria, necesitamos una virtud muy superior a la del legendario rey Midas: él convertía en oro todo cuanto tocaba.

—Nosotros hemos de convertir —por el amor— el trabajo humano, de nuestra jornada habitual, en obra de Dios, con alcance eterno.

743 En tu vida, si te lo propones, todo puede ser objeto de ofrecimiento al Señor, ocasión de coloquio con tu Padre del Cielo, que siempre guarda y concede luces nuevas.

744 Trabaja con alegría, con paz, con presencia de Dios.

—De esta manera realizarás tu tarea, además, con sentido común: llegarás hasta el final aunque te rinda el cansancio, la acabarás bien..., y tus obras agradarán a Dios.

745 Debes mantener —a lo largo de la jornada— una constante conversación con el Señor, que se alimente también de las mismas incidencias de tu tarea profesional.

—Vete con el pensamiento al Sagrario..., y ofrécele al Señor la labor que tengas entre manos.

746 Ahí, desde ese lugar de trabajo, haz que tu corazón se escape al Señor, junto al Sagrario, para decirle, sin hacer cosas raras: Jesús mío, te amo.

—No tengas miedo a llamarle así —Jesús mío— y de repetírselo a menudo.

747   Así deseaba dedicarse a la oración un sacerdote, mientras recitaba el Oficio divino: "seguiré la norma de decir, al comenzar: «quiero rezar como rezan los santos», y luego invitaré a mi Angel Custodio a cantar, conmigo, las alabanzas al Señor".

Prueba este camino para tu oración vocal, y para fomentar la presencia de Dios en tu trabajo.

748   Has recibido la llamada de Dios a un camino concreto: meterte en todas las encrucijadas del mundo, estando tú —desde tu labor profesional— metido en Dios.

749   No me pierdas nunca de vista el punto de mira sobrenatural. —Rectifica la intención, como se rectifica el rumbo del barco en alta mar: mirando a la estrella, mirando a María. Y tendrás la seguridad de llegar siempre a puerto.

CRISOL

750 No te digo que me quites los afectos, Señor, porque con ellos puedo servirte, sino que los acrisoles.

751 Ante todas las maravillas de Dios, y ante todos nuestros fracasos humanos, hemos de reconocer: Tú lo eres todo para mí: ¡sírvete de mí como quieras! —Y la soledad ya no existirá para ti, para nosotros.

752 El gran secreto de la santidad se reduce a parecerse más y más a El, que es el único y amable Modelo.

753 Cuando te pongas a orar, y no veas nada, y te sientas revuelto y seco, éste es el camino: no pienses en ti; vuelve tus ojos, en cambio, a la Pasión de Jesucristo, nuestro Redentor.

Convéncete de que también a cada uno de nosotros nos pide, como a aquellos tres Apóstoles más íntimos, en el Huerto de los Olivos: "vigilad y orad".

754 Al abrir el Santo Evangelio, piensa que lo que allí se narra —obras y dichos de Cristo— no sólo has de saberlo, sino que has de vivirlo. Todo, cada punto relatado, se ha recogido, detalle a detalle, para que lo encarnes en las circunstancias concretas de tu existencia.

—El Señor nos ha llamado a los católicos para que le sigamos de cerca y, en ese Texto Santo, encuentras la Vida de Jesús; pero, además, debes encontrar tu propia vida.

Aprenderás a preguntar tú también, como el Apóstol, lleno de amor: "Señor, ¿qué quieres que yo haga?..." —¡La Voluntad de Dios!, oyes en tu alma de modo terminante.

Pues, toma el Evangelio a diario, y léelo y vívelo como norma concreta. —Así han procedido los santos.

755 Si de verdad deseas que tu corazón reaccione de un modo seguro, yo te aconsejo que te metas en una Llaga del Señor: así le tratarás de cerca, te pegarás a El, sentirás palpitar su Corazón..., y le seguirás en todo lo que te pida.

756 La oración es indudablemente el "quitapesares" de los que amamos a Jesús.

757 La Cruz simboliza la vida del apóstol de Cristo, con un vigor y una verdad que encantan al alma y al cuerpo, aunque a veces cueste y se note el peso.

758 Entiendo que, por Amor, desees padecer con Cristo: poner tus espaldas entre El y los sayones, que le azotan; tu cabeza, y no la suya, para las espinas; y tus pies y tus manos, para los clavos; ...o, al menos, acompañar a nuestra Madre Santa María, en el Calvario, y acusarte de deicida por tus pecados..., y sufrir y amar.

759 Me he propuesto frecuentar más al Paráclito, y pedirle sus luces, me has dicho.

—Bien: pero recuerda, hijo, que el Espíritu Santo es fruto de la Cruz.

760 El amor gustoso, que hace feliz al alma, está basado en el dolor: no cabe amor sin renuncia.

761 Cristo clavado en la Cruz, ¿y tú?...: ¡todavía metido sólo en tus gustos!; me corrijo: ¡clavado por tus gustos!

762 No seamos —¡no podemos ser!— cristianos dulzones: en la tierra tiene que haber dolor y Cruz.

763 En esta vida nuestra hay que contar con la Cruz. El que no cuenta con la Cruz no es cristiano..., y no podrá evitar el encuentro con "su cruz", en la que se desesperará.

764 Ahora que la Cruz es seria, de peso, Jesús arregla las cosas de modo que nos colma de paz: se hace Cirineo nuestro, para que la carga resulte ligera.

Dile, entonces, lleno de confianza: Señor, ¿qué Cruz es ésta? Una Cruz sin cruz. De ahora en adelante, con tu ayuda, conociendo la fórmula de abandonarme en Ti, serán así siempre todas mis cruces.

765 Reafirma en tu alma el antiguo propósito de aquel amigo: Señor, quiero el sufrimiento, no el espectáculo.

766 Tener la Cruz, es tener la alegría: ¡es tenerte a Ti, Señor!

767 Lo que verdaderamente hace desgraciada a una persona —e incluso a una sociedad entera— es esa búsqueda, ansiosa y egoísta, de bienestar: ese intento de eliminar todo lo que contraría.

768 El camino del Amor se llama Sacrificio.

769 La Cruz, ¡la Santa Cruz!, pesa.
—De una parte, mis pecados. De otra, la triste realidad de los sufrimientos de nuestra Madre la Iglesia; la apatía de tantos católicos que tienen un "querer sin querer"; la separación —por diversos motivos— de seres amados; las enfermedades y tribulaciones, ajenas y propias...
La Cruz, ¡la Santa Cruz!, pesa: «Fiat, adimpleatur...!» —¡Hágase, cúmplase, sea alabada y eternamente ensalzada la justísima y amabilísima Voluntad de Dios sobre todas las cosas! Amén. Amén.

770 Cuando se camina por donde camina Cristo; cuando ya no hay resignación, sino que el alma se conforma con la Cruz —se hace a la forma de la Cruz—; cuando se ama la Voluntad de Dios; cuando se quiere la Cruz..., entonces, sólo entonces, la lleva El.

771 Une el dolor —la Cruz exterior o interior— con la Voluntad de Dios, por medio de un «fiat!» generoso, y te llenarás de gozo y de paz.

772 Señales inequívocas de la verdadera Cruz de Cristo: la serenidad, un hondo sentimiento de paz, un amor dispuesto a cualquier sacrificio, una eficacia grande que dimana del mismo Costado de Jesús, y siempre —de modo evidente— la alegría: una alegría que procede de saber que, quien se entrega de veras, está junto a la Cruz y, por consiguiente, junto a Nuestro Señor.

773 No dejes de ver y de agradecer la predilección del Rey que, en tu vida entera, resella tu carne y tu espíritu con el sello real de la Santa Cruz.

774 "Llevo encima —escribía aquel amigo— un pequeño Santo Cristo, con la imagen gastadí-

sima por el uso y los besos, heredado por mi padre a la muerte de su madre, que habitualmente lo usaba.

Como es muy pobrecito y está muy gastado, no me atreveré a regalárselo a nadie, y de este modo —al verlo— aumentará mi amor a la Cruz".

775 Así rezaba un sacerdote, en momentos de aflicción: "Venga, Jesús, la Cruz que Tú quieras: desde ahora, la recibo con alegría, y la bendigo con la rica bendición de mi sacerdocio".

776 Cuando recibas algún golpe fuerte, alguna Cruz, no debes apurarte. Por el contrario, con rostro alegre, debes dar gracias al Señor.

777 Ayer vi un cuadro de Jesús difunto, que me encantó. Un ángel, con unción indecible, besa su mano izquierda; otro, a los pies del Salvador, tiene un clavo arrancado de la Cruz; y, en primer término, de espaldas, mirando a Cristo, un angelote chico llora.

Pedí al Señor que me regalaran el cuadro: es hermoso, respira piedad. —Me entristeció saber que una persona, a quien se mostró el lienzo para que lo comprara, lo rechazó diciendo: "¡un cadáver!" Para mí, serás siempre la Vida.

778 Señor —no me importa repetirlo miles de veces—: quiero acompañarte, sufriendo Contigo, en las humillaciones y crueldades de la Pasión y de la Cruz.

779 Encontrar la Cruz es encontrar a Cristo.

780 Jesús, que tu Sangre de Dios penetre en mis venas, para hacerme vivir, en cada instante, la generosidad de la Cruz.

781 Ante Jesús muerto en la Cruz, haz oración, para que la Vida y la Muerte de Cristo sean el modelo y el estímulo de tu vida y de tu respuesta a la Voluntad divina.

782 Recuérdalo a la hora del dolor o de la expiación: la Cruz es el signo de Cristo Redentor. Dejó de ser el símbolo del mal para ser la señal de la victoria.

783 Pon, entre los ingredientes de la comida, "el riquísimo" de la mortificación.

784 No es espíritu de penitencia hacer unos días grandes mortificaciones, y abandonarlas otros.

—Espíritu de penitencia significa saberse vencer todos los días, ofreciendo cosas —grandes y pequeñas— por amor y sin espectáculo.

785 Si unimos nuestras pequeñeces —las insignificantes y las grandes contradicciones— a los grandes sufrimientos del Señor, Víctima —¡la única Víctima es El!—, aumentará su valor, se harán un tesoro y, entonces, tomaremos a gusto, con garbo, la Cruz de Cristo.

—Y no habrá así pena que no se venza con rapidez; y no habrá nada ni nadie que nos quite la paz y la alegría.

786 Para ser apóstol, tienes que llevar en ti —como enseña San Pablo— a Cristo crucificado.

787 ¡Es verdad!: la Santa Cruz trae a nuestras vidas la confirmación inequívoca de que somos de Cristo.

788 La Cruz no es la pena, ni el disgusto, ni la amargura... Es el madero santo donde triunfa Jesucristo..., y donde triunfamos nosotros, cuando recibimos con alegría y generosamente lo que El nos envía.

789 Después del Santo Sacrificio, has visto cómo de tu Fe y de tu Amor —de tu penitencia, de tu oración y de tu actividad— dependen en buena parte la perseverancia de los tuyos y, a veces, aun su vida terrena.

—¡Bendita Cruz, que llevamos mi Señor Jesús —El—, y tú, y yo!

790 ¡Oh, Jesús, quiero ser una hoguera de locura de Amor! Quiero que mi presencia sola sea bastante para encender al mundo, en muchos kilómetros a la redonda, con incendio inextinguible. Quiero saber que soy tuyo. Después, venga la Cruz...

—¡Magnífico camino!: sufrir, amar y creer.

791 Cuando estés enfermo, ofrece con amor tus sufrimientos, y se convertirán en incienso que se eleva en honor de Dios y que te santifica.

792 Has de ser, como hijo de Dios y con su gracia, varón o mujer fuerte, de deseos y de realidades.

   —No somos plantas de invernadero. Vivimos en medio del mundo, y hemos de estar a todos los vientos, al calor y al frío, a la lluvia y a los ciclones..., pero fieles a Dios y a su Iglesia.

793 ¡Cómo duelen los desprecios, aunque la voluntad esté en quererlos!
   —No te extrañes: ofréceselos a Dios.

794 ¡Mucho te ha herido ese desprecio!... —Significa que te olvidas demasiado fácilmente de quién eres.

795 Ante las acusaciones que consideramos injustas, examinemos nuestra conducta, delante de Dios, «cum gaudio et pace» —con alegre serenidad, y rectifiquemos, aunque se trate de cosas inocentes, si la caridad nos lo aconseja.
   —Luchemos por ser santos, cada día más: y, luego, "que digan", siempre que a esos dichos se les pueda aplicar aquella bienaventuranza: «beati estis cum... dixerint omne malum adversus vos mentientes propter me» —bienaventurados seréis cuando os calumnien por mi causa.

796 Se ha afirmado —no recuerdo por quién, ni dónde— que el vendaval de la insidia se ensaña con los que sobresalen, como el huracán azota los pinos más altos.

797 Intrigas, interpretaciones miserables —cortadas a medida del corazón villano que interpreta—, susurraciones cobardes... —Es una escena desgraciadamente repetida en los distintos ambientes: ni trabajan, ni dejan trabajar.

Medita despacio aquellos versos del salmo: "Dios mío, he llegado a ser extraño para mis hermanos, y forastero para los hijos de mi madre. Porque el celo de tu casa me devoró, y los oprobios de los que te ultrajan cayeron sobre mí"..., y continúa trabajando.

798 No se puede hacer el bien, aun siendo todas las almas buenas, sin la Cruz santa de las habladurías.

799 «In silentio et in spe erit fortitudo vestra» —en el silencio y en la esperanza residirá vuestra fortaleza..., asegura el Señor a los suyos. Callar y confiar: dos armas fundamentales en el momento de la adversidad, cuando se te nieguen los remedios humanos.

El sufrimiento soportado sin queja —mira a Jesús en su Santa Pasión y Muerte— da también la medida del amor.

800   Así rezaba un alma deseosa de ser enteramente de Dios y, por El, de todas las almas: "Señor, yo te pido que obres en este pecador, y que rectifiques y purifiques y acrisoles mis intenciones".

801   Me hirió la condescendencia —la transigencia y la intransigencia— de aquel varón doctísimo y santo, que decía: a todo me avengo, menos a ofender a Dios.

802   Considera el bien que han hecho a tu alma los que, durante tu vida, te han fastidiado o han tratado de fastidiarte.
           —Otros llaman enemigos a estas gentes. Tú, tratando de imitar a los santos, siquiera en esto, y siendo muy poca cosa para tener o haber tenido enemigos, llámales "bienhechores". Y resultará que, a fuerza de encomendarlos a Dios, les tendrás simpatía.

803   Hijo, óyeme bien: tú, feliz cuando te maltraten y te deshonren; cuando mucha gente se al-

borote y se ponga de moda escupir sobre ti, porque eres «omnium peripsema» —como basura para todos...

—Cuesta, cuesta mucho. Es duro, hasta que —por fin— un hombre se acerca al Sagrario, se ve considerado como toda la porquería del mundo, como un pobre gusano, y dice de verdad: "Señor, si Tú no necesitas mi honra, ¿yo, para qué la quiero?"

Hasta entonces, no sabe el hijo de Dios lo que es ser feliz: hasta llegar a esa desnudez, a esa entrega, que es entrega de amor, pero fundamentada en la mortificación, en el dolor.

804 ¿Contradicción de los buenos? —Cosas del demonio.

805 Cuando pierdes la calma y te pones nervioso, es como si quitaras razón a tu razón.

En esos momentos, se vuelve a oír la voz del Maestro a Pedro, que se hunde en las aguas de su falta de paz y de sus nervios: "¿por qué has dudado?"

806 El orden dará armonía a tu vida, y te traerá la perseverancia. El orden proporcionará paz a tu corazón, y gravedad a tu compostura.

807 Copio este texto, porque puede dar paz a tu alma: "Me encuentro en una situación económica tan apurada como cuando más. No pierdo la paz. Tengo absoluta seguridad de que Dios, mi Padre, resolverá todo este asunto de una vez.

Quiero, Señor, abandonar el cuidado de todo lo mío en tus manos generosas. Nuestra Madre —¡tu Madre!— a estas horas, como en Caná, ha hecho sonar en tus oídos: ¡no tienen!... Yo creo en Ti, espero en Ti, Te amo, Jesús: para mí, nada; para ellos".

808 Amo tu Voluntad. Amo la santa pobreza, gran señora mía.

—Y abomino, para siempre, de todo lo que suponga, ni de lejos, falta de adhesión a tu justísima, amabilísima y paternal Voluntad.

809 El espíritu de pobreza, de desprendimiento de los bienes terrenos, redunda en la eficacia del apostolado.

810 Nazaret: camino de fe, de desprendimiento, donde el Creador se sujeta a las criaturas como a su Padre Celestial.

811 Jesús habla siempre con amor..., también cuando nos corrige o permite la tribulación.

812 Identifícate con la Voluntad de Dios..., y así la contradicción no es contradicción.

813 Dios nos quiere infinitamente más de lo que tú mismo te quieres... ¡Déjale, pues, que te exija!

814 Acepta sin miedo la Voluntad de Dios; formula sin vacilaciones el propósito de edificar, toda tu vida, con lo que nos enseña y exige nuestra fe.

—De este modo, ten por cierto que, también con penas e incluso con calumnias, serás feliz, con una felicidad que te impulsará a amar a los demás, y a hacerles participar de tu alegría sobrenatural.

815 Si vienen contradicciones, está seguro de que son una prueba del amor de Padre, que el Señor te tiene.

816 En esta forja de dolor que acompaña la vida de todas las personas que aman, el Señor nos enseña que quien pisa sin miedo —aunque cueste— donde pisa el Maestro, encuentra la alegría.

817 Fortalece tu espíritu con la penitencia, de tal manera que, cuando llegue la contradicción, nunca te desalientes.

818 ¡Cuándo te propondrás de una vez identificarte con ese Cristo que es Vida!

819 Para perseverar en el seguimiento de los pasos de Jesús, se necesita una libertad continua, un querer continuo, un ejercicio continuo de la propia libertad.

820 Te maravilla descubrir que, en cada una de las posibilidades de mejorar, existen muchas metas distintas...

—Son otros caminos, dentro del "camino", que evitan la posible rutina y te acercan más al Señor.

—Aspira con generosidad a lo más alto.

821 Trabaja con humildad, es decir, cuenta primero con las bendiciones de Dios, que no te faltarán; después, con tus buenos deseos; con tus planes de trabajo; ¡y con tus dificultades!, sin olvidar que, entre estas dificultades, has de poner siempre tu falta de santidad.

—Serás buen instrumento, si cada día luchas para ser mejor.

822 Me confiaste que, en tu oración, abrías el corazón al Señor con las siguientes palabras: "considero mis miserias, que parecen aumentar, a pesar de tus gracias, sin duda por mi falta de correspondencia. Conozco la ausencia en mí de toda preparación, para la empresa que pides. Y, cuando leo en los periódicos que tantos y tantos hombres de prestigio, de talento y de dinero hablan y escriben y organizan para defender tu reinado..., me miro a mí mismo y me encuentro tan nadie, tan ignorante y tan pobre, en una palabra, tan pequeño..., que me llenaría de confusión y de vergüenza, si no supiera que Tú me quieres así. ¡Oh, Jesús! Por otra parte, sabes bien cómo he puesto, de buenísima gana, a tus pies, mi ambición... Fe y Amor: Amar, Creer, Sufrir. En esto sí que quiero ser rico y sabio, pero no más sabio ni más rico que lo que Tú, en tu Misericordia sin límites, hayas dispuesto: porque todo mi prestigio y honor he de ponerlo en cumplir fielmente tu justísima y amabilísima Voluntad".

—No te quedes sólo en esos buenos deseos, te aconsejé.

823 El amor a Dios nos invita a llevar a pulso la Cruz..., a sentir sobre nuestros hombros el peso de la humanidad entera, y a cumplir, en las circunstancias propias del estado y del trabajo de cada uno, los designios —claros y amorosos a la vez— de la Voluntad del Padre.

824 El más grande loco que ha habido y habrá es El. ¿Cabe mayor locura que entregarse como El se entrega, y a quienes se entrega?

Porque locura hubiera sido quedarse hecho un Niño indefenso; pero, entonces, aun muchos malvados se enternecerían, sin atreverse a maltratarle. Le pareció poco: quiso anonadarse más y darse más. Y se hizo comida, se hizo Pan.

—¡Divino Loco! ¿Cómo te tratan los hombres?... ¿Yo mismo?

825 Jesús, tu locura de Amor me roba el corazón. Estás inerme y pequeño, para engrandecer a los que te comen.

826 Has de conseguir que tu vida sea esencialmente, ¡totalmente!, eucarística.

827 Me gusta llamar ¡cárcel de amor! al Sagrario.

—Desde hace veinte siglos, está El ahí... ¡voluntariamente encerrado!, por mí, y por todos.

828 ¿Has pensado en alguna ocasión cómo te prepararías para recibir al Señor, si se pudiera comulgar una sola vez en la vida?

—Agradezcamos a Dios la facilidad que tenemos para acercarnos a El, pero... hemos de agradecérselo preparándonos muy bien, para recibirle.

829 Dile al Señor que, en lo sucesivo, cada vez que celebres o asistas a la Santa Misa, y administres o recibas el Sacramento Eucarístico, lo harás con una fe grande, con un amor que queme, como si fuera la última vez de tu vida.

—Y duélete, por tus negligencias pasadas.

830 Me explico tu afán de recibir a diario la Sagrada Eucaristía, porque quien se siente hijo de Dios tiene imperiosa necesidad de Cristo.

831 Mientras asistes a la Santa Misa, piensa —¡es así!— que estás participando en un Sacrificio divino: sobre el altar, Cristo se vuelve a ofrecer por ti.

832 Cuando le recibas, dile: Señor, espero en Ti; te adoro, te amo, auméntame la fe. Sé el apoyo de mi debilidad, Tú, que te has quedado en la Eucaristía, inerme, para remediar la flaqueza de las criaturas.

833 Debemos hacer nuestras, por asimilación, aquellas palabras de Jesús: «desiderio desideravi hoc Pascha manducare vobiscum» —ardientemente he deseado comer esta Pascua con vosotros. De ninguna forma podremos manifestar mejor nuestro máximo interés y amor por el Santo Sacrificio, que guardando esmeradamente hasta la más pequeña de las ceremonias prescritas por la sabiduría de la Iglesia.

Y, además del Amor, debe urgirnos la "necesidad" de parecernos a Jesucristo, no solamente en lo interior, sino también en lo exterior, moviéndonos —en los amplios espacios del altar cristiano— con aquel ritmo y armonía de la santidad obediente, que se identifica con la voluntad de la Esposa de Cristo, es decir, con la Voluntad del mismo Cristo.

834 Hemos de recibir al Señor, en la Eucaristía, como a los grandes de la tierra, ¡mejor!: con adornos, luces, trajes nuevos...

—Y si me preguntas qué limpieza, qué adornos y qué luces has de tener, te contestaré: limpieza en tus sentidos, uno por uno; adorno en tus potencias, una por una; luz en toda tu alma.

835 ¡Sé alma de Eucaristía!

—Si el centro de tus pensamientos y esperanzas está en el Sagrario, hijo, ¡qué abundantes los frutos de santidad y de apostolado!

836 Los objetos empleados en el culto divino deberán ser artísticos, teniendo en cuenta que no es el culto para el arte, sino el arte para el culto.

837 Acude perseverantemente ante el Sagrario, de modo físico o con el corazón, para sentirte seguro, para sentirte sereno: pero también para sentirte amado..., ¡y para amar!

838 Copio unas palabras de un sacerdote, dirigidas a quienes le seguían en su empresa apostólica: "cuando contempléis la Sagrada Hostia expuesta en la custodia sobre el altar, mirad qué amor, qué ternura la de Cristo. Yo me lo explico, por el amor que os tengo; si pudiera estar lejos trabajando, y a la vez junto a cada uno de vosotros, ¡con qué gusto lo haría!

Cristo, en cambio, ¡sí puede! Y El, que nos ama con un amor infinitamente superior al que puedan albergar todos los corazones de la tierra, se ha quedado para que podamos unirnos siempre a su Humanidad Santísima, y para ayudarnos, para consolarnos, para fortalecernos, para que seamos fieles".

839 No pienses que es fácil hacer de la vida un servicio. Se necesita traducir en realidades tan buen deseo, porque "el reino de Dios no consiste en palabras, sino en virtud", enseña el Apóstol; y porque la práctica de una constante ayuda a los demás no es posible sin sacrificio.

840 ¡Siente siempre y en todo con la Iglesia! —Adquiere, por eso, la formación espiritual y doctrinal necesaria, que te haga persona de recto criterio en tus opciones temporales, pronto y humilde para rectificar, cuando adviertas que te equivocas.

—La noble rectificación de los errores personales es un modo, muy humano y muy sobrenatural, de ejercitar la personal libertad.

841 Urge difundir la luz de la doctrina de Cristo.

Atesora formación, llénate de claridad de ideas, de plenitud del mensaje cristiano, para poder después transmitirlo a los demás.

—No esperes unas iluminaciones de Dios, que no tiene por qué darte, cuando dispones de medios humanos concretos: el estudio, el trabajo.

842 El error no sólo oscurece la inteligencia, sino que divide las voluntades.

—En cambio, «veritas liberabit vos» —la verdad os librará de las banderías que agostan la caridad.

843 Frecuentas el trato de ese compañero que apenas te da los buenos días..., y te cuesta.

—Persevera y no le juzgues; tendrá "sus motivos", de la misma manera que tú alimentas los tuyos para encomendarle más cada jornada.

844 Si tú estás en el mundo a cuatro patas, ¿cómo te extrañas de que los demás no sean ángeles?

845 Vigila con amor para vivir la santa pureza..., porque antes se apaga una centella que un incendio.

Pero toda la diligencia humana, con la mortificación y el cilicio y el ayuno —¡armas necesarias!—, ¡qué poco valen sin Ti, Dios mío!

846 Recuerda con constancia que tú colaboras en la formación espiritual y humana de los que te rodean, y de todas las almas —hasta ahí llega la bendita Comunión de los Santos—, en cualquier momento: cuando trabajas y cuando descansas; cuando se te ve alegre o preocupado; cuando en tu tarea o en medio de la calle haces tu oración de hijo de Dios, y trasciende al exterior la paz de tu alma; cuando se nota que has sufrido —que has llorado—, y sonríes.

847 Una cosa es la santa coacción y otra la violencia ciega o la venganza.

848 Ya lo dijo el Maestro: ¡ojalá los hijos de la luz pongamos, en hacer el bien, por lo menos el mismo empeño y la obstinación con que se dedican, a sus acciones, los hijos de las tinieblas!

—No te quejes: ¡trabaja, en cambio, para ahogar el mal en abundancia de bien!

849　Es una caridad falsa la que perjudica la eficacia sobrenatural del apostolado.

850　Dios necesita mujeres y hombres seguros, firmes, en quienes sea posible apoyarse.

851　No vivimos para la tierra, ni para nuestra honra, sino para la honra de Dios, para la gloria de Dios, para el servicio de Dios: ¡esto es lo que nos ha de mover!

852　Desde que Jesucristo Señor Nuestro fundó la Iglesia, esta Madre nuestra ha sufrido continua persecución. Quizá en otros tiempos las persecuciones se hacían abiertamente, y ahora se organizan muchas veces de modo solapado; pero, hoy como ayer, se sigue combatiendo a la Iglesia.

　　—¡Qué obligación tenemos de vivir, diariamente, como católicos responsables!

853　Emplea, para tu vida, esta receta: "no me acuerdo de que existo. No pienso en mis cosas, pues no me queda tiempo".

　　—¡Trabajo y servicio!

854　Sobre estas directrices discurre la bondad inigualable de nuestra Madre Santa María: un amor llevado hasta el extremo, cumpliendo con esmero la Voluntad divina, y un olvido completo de sí misma, contenta de estar allí, donde Dios la quiere.

—Por eso, ni el más pequeño de sus gestos es trivial. —Aprende.

SELECCIÓN

855 ¡Comprometido! ¡Cómo me gusta esta palabra! —Los hijos de Dios nos obligamos —libremente— a vivir dedicados al Señor, con el empeño de que El domine, de modo soberano y completo, en nuestras vidas.

856 La santidad —cuando es verdadera— se desborda del vaso, para llenar otros corazones, otras almas, de esa sobreabundancia.

Los hijos de Dios nos santificamos, santificando. —¿Cunde a tu alrededor la vida cristiana? Piénsalo a diario.

857 El Reino de Jesucristo. ¡Esto es lo nuestro! —Por eso, hijo, ¡con generosidad!, no quieras saber ninguna de las muchas razones que tiene para reinar en ti.

Si le miras, te bastará contemplar cómo te ama..., sentirás hambres de corresponder, gritándole a voces que "le amas actualmente", y comprenderás que, si tú no le dejas, El no te dejará.

858 El primer paso para acercar a otros a los caminos de Cristo es que te vean contento, feliz, seguro en tu andar hacia Dios.

859 Un varón católico —una mujer católica— no puede olvidar esta idea madre: imitar a Jesucristo, en todos los ambientes, sin rechazar a nadie.

860 Nuestro Señor Jesús lo quiere: es preciso seguirle de cerca. No hay otro camino.

Esta es la obra del Espíritu Santo en cada alma —en la tuya—, y has de ser dócil, para no poner obstáculos a tu Dios.

861 Señal evidente de que buscas la santidad es —¡déjame llamarlo así!— el "sano prejuicio psicológico" de pensar habitualmente en los demás, olvidándote de ti mismo, para acercarles a Dios.

862 Ha de quedar claramente grabado en tu alma que Dios no te necesita. —Su llamada es una misericordia amorosísima de su Corazón.

863 Trata con afecto, con cariño —¡con caridad cristiana!— al que yerra, pero sin admitir componendas en lo que vaya contra nuestra santa Fe.

864 Acude a la Dulce Señora María, Madre de Dios y Madre Nuestra, encomendándole la limpieza de alma y de cuerpo de todas las personas.

Dile que quieres invocarla —y que la invoquen siempre—, y siempre vencer, en las horas malas —o buenas, y muy buenas— de la lucha contra los enemigos de nuestra condición de hijos de Dios.

865 El vino a la tierra, porque «omnes homines vult salvos fieri» —para redimir a todo el mundo.

—Mientras trabajas codo a codo con tantas personas, acuérdate siempre de que ¡no hay alma que no interese a Cristo!

866 ¡Señor!, le asegurabas, me gusta ser agradecido; quiero serlo siempre con todos.

—Pues, mira: no eres una piedra..., ni un alcornoque..., ni un mulo. No perteneces a esos seres, que cumplen su fin aquí abajo. Y esto, porque Dios quiso hacerte hombre o mujer —hijo suyo—..., y te ama «in caritate perpetua» —con amor eterno.

—¿Te gusta ser agradecido?: ¿vas a hacer una excepción con el Señor? —Procura que tu hacimiento de gracias, diario, salga impetuoso de tu corazón.

867 Comprensión, caridad real. Cuando de veras la hayas conseguido, tendrás el corazón grande con todos, sin discriminaciones, y vivirás —también con los que te han maltratado— el consejo de Jesús: "venid a mí todos los que andáis agobiados..., que Yo os aliviaré".

868 Trata con cariño a los que ignoran las cosas de Dios. Pero con más razón has de tratar así a quienes las conocen: sin esto, no puedes cumplir lo anterior.

869 Si de veras amases a Dios con todo tu corazón, el amor al prójimo —que a veces te resulta tan difícil— sería una consecuencia necesaria del Gran Amor. —Y no te sentirías enemigo de nadie, ni harías acepción de personas.

870 ¿Tienes ansias, locura divina de que las almas conozcan el Amor de Dios? Pues, en tu vida corriente, ofrece mortificaciones, reza, cumple el deber, véncete en tanto pequeño detalle.

871 Háblale despacio: buen Jesús, si he de ser apóstol —apóstol de apóstoles— es preciso que me hagas muy humilde.

Que me conozca: que me conozca y que te conozca.

—Así jamás perderé de vista mi nada.

872 «Per Iesum Christum Dominum nostrum» —por Jesucristo, Señor Nuestro. De este modo has de hacer las cosas: ¡por Jesucristo!

—Es bueno que tengas un corazón humano; pero, si te mueves sólo porque se trata de una persona determinada, ¡mal! —Aunque lo hagas también por ese hermano, por ese amigo, ¡hazlo sobre todo por Jesucristo!

873 La Iglesia, las almas —de todos los continentes, de todos los tiempos actuales y venide-

ros— esperan mucho de ti..., pero —¡que se te meta bien en la cabeza y en el corazón!— serás estéril, si no eres santo: me corrijo, si no luchas para ser santo.

874 Déjate modelar por los golpes —fuertes o delicados— de la gracia. Esfuérzate en no ser obstáculo, sino instrumento. Y, si quieres, tu Madre Santísima te ayudará, y serás canal, en lugar de piedra que tuerza el curso de las aguas divinas.

875 Señor, ayúdame a serte fiel y dócil, «sicut lutum in manu figuli» —como el barro en las manos del alfarero. —Y así no viviré yo, sino que en mí vivirás y obrarás Tú, Amor.

876 Jesús hará que tomes a todos los que tratas un cariño grande, que en nada empañará el que a El le tienes. Al contrario: cuanto más quieras a Jesús, más gente cabrá en tu corazón.

877 Al acercarse más la criatura a Dios, más universal se siente: se agranda su corazón, para que quepan todos y todo, en el único gran deseo de poner el universo a los pies de Jesús.

878 Jesús tenía, al morir en la Cruz, treinta y tres años. ¡La juventud no puede servir de excusa!

Además, cada día que pasa, ya vas dejando de ser joven..., aunque con El tendrás su juventud eterna.

879 Rechaza el nacionalismo, que dificulta la comprensión y la convivencia: es una de las barreras más perniciosas de muchos momentos históricos.

Y recházalo con más fuerza —porque sería más nocivo—, si se pretende llevar al Cuerpo de la Iglesia, que es donde más ha de resplandecer la unión de todo y de todos en el amor a Jesucristo.

880 ¿Tú, hijo de Dios, qué has hecho, hasta ahora, para ayudar a las almas de los que te rodean?

—No puedes conformarte con esa pasividad, con esa languidez: El quiere llegar a otros con tu ejemplo, con tu palabra, con tu amistad, con tu servicio...

881 Sacrifícate, entrégate, y trabaja con las almas una a una, como se tratan una a una las joyas preciosas.

—Más aún, has de poner mayor empeño, porque está en juego algo de valor incomparable: el objeto de esa atención espiritual es preparar buenos instrumentos para el servicio de Dios, que han costado a Cristo, ¡cada uno!, toda su Sangre.

882 Ser cristiano —y de modo particular ser sacerdote; recordando también que todos los bautizados participamos del sacerdocio real— es estar de continuo en la Cruz.

883 Si fueras consecuente, ahora que has visto su luz, desearías ser tan santo, como tan gran pecador has sido: y lucharías por hacer realidad esas ansias.

884 No es soberbia, sino fortaleza, hacer sentir el peso de la autoridad, cortando cuanto haya que cortar, cuando así lo exige el cumplimiento de la Santa Voluntad de Dios.

885 A veces, hay que atar las manos, con reverencia y con mesura, sin baldones ni descortesía. No por venganza, sino para remedio. No en castigo, sino como medicina.

886 Me miraste muy serio..., pero al fin me entendiste, cuando te comenté: "quiero reproducir la vida de Cristo en los hijos de Dios, a fuerza de meditarla, para actuar como El y hablar sólo de El".

887 Jesús se quedó en la Eucaristía por amor..., por ti.

—Se quedó, sabiendo cómo le recibirían los hombres..., y cómo lo recibes tú.

—Se quedó, para que le comas, para que le visites y le cuentes tus cosas y, tratándolo en la oración junto al Sagrario y en la recepción del Sacramento, te enamores más cada día, y hagas que otras almas —¡muchas!— sigan igual camino.

888 Me dices que deseas vivir la santa pobreza, el desprendimiento de las cosas que usas. —Pregúntate: ¿tengo yo los afectos de Jesucristo, y sus sentimientos, con relación a la pobreza y a las riquezas?

Y te aconsejé: además de descansar en tu Padre-Dios, con verdadero abandono de hijo..., pon particularmente tus ojos en esa virtud, para amarla como Jesús. Y así, en lugar de verla como una cruz, la considerarás como signo de predilección.

889 A veces, con su actuación, algunos cristianos no dan al precepto de la caridad el valor máximo que tiene. Cristo, rodeado por los suyos, en aquel maravilloso sermón final, decía a modo de testamento: «Mandatum novum do vobis, ut diligatis invicem» —un mandamiento nuevo os doy, que os améis unos a otros.

Y todavía insistió: «in hoc cognoscent omnes quia discipuli mei estis» —en esto conocerán todos que sois mis discípulos, si os tenéis amor unos a otros.

—¡Ojalá nos decidamos a vivir como El quiere!

890 Si falta la piedad —ese lazo que nos ata a Dios fuertemente y, por El, a los demás, porque en los demás vemos a Cristo—, es inevitable la desunión, con la pérdida de todo espíritu cristiano.

891 Agradece de todo corazón al Señor las potencias admirables..., y terribles, de la inteligencia y de la voluntad con las que ha querido crearte. Admirables, porque te hacen semejante a El; terribles, porque hay hombres que las enfrentan contra su Creador.

A mí, como síntesis de nuestro agradecimiento de hijos de Dios, se me ocurre decirle, ahora y siempre, a este Padre nuestro: «serviam!» —¡te serviré!

892 Sin vida interior, sin formación, no hay verdadero apostolado ni obras fecundas: la labor es precaria e incluso ficticia.

—¡Qué responsabilidad, por tanto, la de los hijos de Dios!: hemos de tener hambre y sed de El y de su doctrina.

893 Le decían a aquel buen amigo, para humillarle, que su alma era de segunda o de tercera clase.

Convencido de su nada, sin enfadarse, razonaba así: como cada hombre no tiene más que un alma —yo la mía, una sola también—, para cada uno su alma será... de primera. ¡No quiero bajar la puntería! Por lo tanto, tengo un alma de "primerísima", y quiero, con la ayuda de Dios, purificarla y blanquearla y encenderla, para que esté muy contento el Amado.

—No lo olvides, tú tampoco —aunque te veas tan lleno de miserias— "puedes bajar la puntería".

894 Para ti, que te quejas de estar solo, de que el ambiente es agresivo: piensa que Cristo Jesús, Buen Sembrador, a cada uno de sus hijos nos aprieta en su mano llagada —como al trigo—; nos inunda con su Sangre, nos purifica, nos limpia, ¡nos emborracha!...; y luego, generosamente, nos echa por el mundo uno a uno: que el trigo no se siembra a sacos, sino grano a grano.

895 Insisto: ruega al Señor que nos conceda a sus hijos el "don de lenguas", el de hacernos entender por todos.

La razón por la que deseo este "don de lenguas" la puedes deducir de las páginas del Evangelio, abundantes en parábolas, en ejemplos que materializan la doctrina e ilustran lo espiritual, sin envilecer ni degradar la palabra de Dios.

Para todos —doctos y menos doctos—, es más fácil considerar y entender el mensaje divino a través de esas imágenes humanas.

896 En estos momentos —¡y siempre!—, cuando el Señor quiere que se esparza su semilla, en una divina dispersión por los distintos ambientes, quiere también que la extensión no haga perder la intensidad...

Y tú tienes la misión, clara y sobrenatural, de contribuir a que esa intensidad no se pierda.

897 Sí, tienes razón: ¡qué hondura, la de tu miseria! Por ti, ¿dónde estarías ahora, hasta dónde habrías llegado?...

"Solamente un Amor lleno de misericordia puede seguir amándome", reconocías.

—Consuélate: El no te negará ni su Amor ni su Misericordia, si le buscas.

898 Tú has de procurar que haya, en medio del mundo, muchas almas que amen a Dios de todo corazón.

—Es hora de hacer recuento: ¿a cuántas has ayudado tú a descubrir ese Amor?

899 La presencia y el testimonio de los hijos de Dios en el mundo es para arrastrar, no para dejarse arrastrar; para dar su propio ambiente —el de Cristo—, no para dejarse dominar por otro ambiente.

900 Tienes obligación de llegarte a los que te rodean, de sacudirles de su modorra, de abrir horizontes diferentes y amplios a su existencia aburguesada y egoísta, de complicarles santamente la vida, de hacer que se olviden de sí mismos y que comprendan los problemas de los demás.

Si no, no eres buen hermano de tus hermanos los hombres, que están necesitados de ese «gaudium cum pace» —de esta alegría y esta paz, que quizá no conocen o han olvidado.

901 Ningún hijo de la Iglesia Santa puede vivir tranquilo, sin experimentar inquietud ante las masas despersonalizadas: rebaño, manada, piara, escribí en alguna ocasión. ¡Cuántas pasiones nobles hay, en su aparente indiferencia! ¡Cuántas posibilidades!

Es necesario servir a todos, imponer las manos a cada uno —«singulis manus imponens», como hacía Jesús—, para tornarlos a la vida, para iluminar sus inteligencias y robustecer sus voluntades, ¡para que sean útiles!

902 Yo tampoco pensaba que Dios me cogiera como lo hizo. Pero el Señor —déjame que te lo repita— no nos pide permiso para "complicarnos la vida". Se mete y... ¡ya está!

903 Señor, solamente confiaré en Ti. Ayúdame, para que te sea fiel, porque sé que de esta fideli-

dad en servirte, dejando en tus manos todas mis solicitudes y cuidados, puedo esperarlo todo.

904 Agradezcamos mucho y con frecuencia esta llamada maravillosa que hemos recibido de Dios: que sea una gratitud real y profunda, estrechamente unida a la humildad.

905 El privilegio de contarnos entre los hijos de Dios, felicidad suma, es siempre inmerecido.

906 Desgarra el corazón aquel clamor —¡siempre actual!— del Hijo de Dios, que se lamenta porque la mies es mucha y los obreros son pocos.

—Ese grito ha salido de la boca de Cristo, para que también lo oigas tú: ¿cómo le has respondido hasta ahora?, ¿rezas, al menos a diario, por esa intención?

907 Para seguir al Señor, es preciso darse de una vez, sin reservas y reciamente: quemar las naves con decisión, para que no haya posibilidades de retroceder.

908 No te asustes cuando Jesús te pida más, incluso la felicidad de los de tu sangre. Convéncete de que, desde un punto de vista sobrenatural, El tiene el derecho de pasar por encima de los tuyos, para su Gloria.

909 Afirmas que quieres ser apóstol de Cristo.

—Me da mucha alegría oírte. Pido al Señor que te conceda perseverancia. Y recuerda que, de nuestra boca, de nuestro pensamiento, de nuestro corazón, no han de salir más que motivos divinos, hambre de almas, temas que de un modo o de otro llevan a Dios; o, por lo menos, que no te apartan de El.

910 La Iglesia necesita —y necesitará siempre— sacerdotes. Pídeselos a diario a la Trinidad Santísima, a través de Santa María.

—Y pide que sean alegres, operativos, eficaces; que estén bien preparados; y que se sacrifiquen gustosos por sus hermanos, sin sentirse víctimas.

911 Recurre constantemente a la Virgen Santísima, Madre de Dios y Madre de la humanidad: y Ella atraerá, con suavidad de Madre, el amor de Dios a las almas que tratas, para que se decidan —en su trabajo ordinario, en su profesión— a ser testigos de Jesucristo.

FECUNDIDAD

912 Corresponde al amor divino siendo fiel, ¡muy fiel!; y, como consecuencia de esta fidelidad, lleva el Amor recibido a otras personas, para que también gocen del encuentro con Dios.

913 Señor mío Jesús: haz que sienta, que secunde de tal modo tu gracia, que vacíe mi corazón..., para que lo llenes Tú, mi Amigo, mi Hermano, mi Rey, mi Dios, ¡mi Amor!

914 Si no muestras —con tu oración, con tu sacrificio, con tu acción— una constante preocupación de apostolado, es señal evidente de que te falta felicidad y de que ha de aumentar tu fidelidad.

—El que tiene la felicidad, el bien, procura darlo a los demás.

915 Cuando pisotees de veras tu propio yo y vivas para los demás, entonces serás instrumento apto en las manos de Dios.

El ha llamado —llama— a sus discípulos, y les manda: «ut eatis!» —id a buscar a todos.

916 Decídete a encender el mundo —puedes— en amores limpios, para hacer dichosa a la humanidad entera, acercándola de verdad a Dios.

917 «In modico fidelis!» —fiel en lo poco... —Tu labor, hijo mío, no es sólo salvar almas, sino santificarlas, día a día, dando a cada instante —aun a los aparentemente vulgares— vibración de eternidad.

918 No cabe separar la semilla de la doctrina de la semilla de la piedad.

Tu labor de sembrador de doctrina podrá evitar los microbios que la hagan ineficaz, sólo si eres piadoso.

919 Así como la inmensa maquinaria de docenas de fábricas se para, se queda sin fuerza, cuando la corriente eléctrica se interrumpe, también el apostolado deja de ser fecundo sin la oración y la mortificación, que mueven el Corazón Sacratísimo de Cristo.

920 Si eres fiel a los impulsos de la gracia, darás buenos frutos: frutos duraderos para la gloria de Dios.

—Ser santo entraña ser eficaz, aunque el santo no toque ni vea la eficacia.

921 La rectitud de intención está en buscar "sólo y en todo" la gloria de Dios.

922 El apostolado —manifestación evidente de vida espiritual— es ese aletear constante que hace sobrenaturalizar cada detalle —grande o pequeño— de la jornada, por el amor a Dios que se pone en todo.

923 Siempre llevaba, como registro en los libros que le servían de lectura, una tira de papel con este lema, escrito en amplios y enérgicos caracteres: «Ure igne Sancti Spiritus!» —Se diría

que, en lugar de escribir, grababa: ¡quema con el fuego del Espíritu Santo!

Esculpido en tu alma y encendido en tu boca y prendido en tus obras, cristiano, querría dejar yo ese fuego divino.

924 Procura ser un niño con santa desvergüenza, que "sabe" que su Padre Dios le manda siempre lo mejor.

Por eso, cuando le falta hasta lo que parece más necesario, no se apura; y, lleno de paz, dice: me queda y tengo al Espíritu Santo.

925 Cuídame tu oración diaria por esta intención: que todos los católicos seamos fieles, que nos decidamos a luchar para ser santos.

—¡Es lógico!, ¿qué vamos a desear para los que queremos, para los que están atados a nosotros por la fuerte atadura de la fe?

926 Cuando me dicen que hay personas entregadas a Dios que ya no se aplican fervorosamente a la santidad, pienso que eso —si hubiera algo de cierto— conducirá al gran fracaso de sus vidas.

927 «Qui sunt isti, qui ut nubes volant, et quasi columbae ad fenestras suas?» —¿quiénes son ésos que vuelan como nubes, como las palomas hacia sus nidos?, pregunta el Profeta. Y comenta un autor: "las nubes traen su origen del mar y de los ríos, y después de una circulación o carrera más o menos larga, vuelven otra vez a su fuente".

Y te añado: así has de ser tú: nube que fecunde el mundo, haciéndole vivir vida de Cristo... Estas aguas divinas bañarán —empapándolas— las entrañas de la tierra; y, en lugar de ensuciarse, se filtrarán al atravesar tanta impureza, y manarán fuentes limpísimas, que luego serán arroyos y ríos inmensos para saciar la sed de la humanidad. —Después, retírate a tu Refugio, a tu Mar inmenso, a tu Dios, sabiendo que seguirán madurando más frutos, con el riego sobrenatural de tu apostolado, con la fecundidad de las aguas de Dios, que durarán hasta el fin de los tiempos.

928 Niño: ofrécele también las penas y los dolores de los demás.

929 ¿Penas?, ¿contradicciones por aquel suceso o el otro?... ¿No ves que lo quiere tu Padre-Dios..., y El es bueno..., y El te ama —¡a ti solo!— más que todas las madres juntas del mundo pueden amar a sus hijos?

930 Examina con sinceridad tu modo de seguir al Maestro. Considera si te has entregado de una manera oficial y seca, con una fe que no tiene vibración; si no hay humildad, ni sacrificio, ni obras en tus jornadas; si no hay en ti más que fachada y no estás en el detalle de cada instante..., en una palabra, si te falta Amor.

Si es así, no puede extrañarte tu ineficacia. ¡Reacciona enseguida, de la mano de Santa María!

931 Cuando tengas alguna necesidad, alguna contradicción —pequeña o grande—, invoca a tu Angel de la Guarda, para que la resuelva con Jesús o te haga el servicio de que se trate en cada caso.

932 Dios está metido en el centro de tu alma, de la mía, y en la de todos los hombres en gracia. Y está para algo: para que tengamos más sal, y para que adquiramos mucha luz, y para que sepamos repartir esos dones de Dios, cada uno desde su puesto.

¿Y cómo podremos repartir esos dones de Dios? Con humildad, con piedad, bien unidos a nuestra Madre la Iglesia.

—¿Te acuerdas de la vid y de los sarmientos? ¡Qué fecundidad la del sarmiento unido a la vid! ¡Qué racimos generosos! ¡Y qué esterilidad la del sarmiento separado, que se seca y pierde la vida!

933 Jesús, que mi pobre corazón se llene del océano de tu Amor, con oleadas tales que limpien y expulsen de mí toda mi miseria... Vierte las aguas purísimas y ardientes de tu Corazón en el mío, hasta que, satisfecha mi ansia de amarte, no pudiendo represar más afectos de divino incendio, se rompa —¡morir de Amor!—, y salte ese Amor tuyo, en cataratas vivificadoras e irresistibles y fecundísimas, a otros corazones que vibren, al contacto de tales aguas, con vibraciones de Fe y de Caridad.

934 ¡Vive la Santa Misa!
—Te ayudará aquella consideración que se hacía un sacerdote enamorado: ¿es posible, Dios mío, participar en la Santa Misa y no ser santo?
—Y continuaba: ¡me quedaré metido cada día, cumpliendo un propósito antiguo, en la Llaga del Costado de mi Señor!
—¡Anímate!

935 ¡Cuánto bien y cuánto mal puedes hacer!

—Bien, si eres humilde y te sabes entregar con alegría y con espíritu de sacrificio; bien, para ti y para tus hermanos los hombres, para la Iglesia, para esta Madre buena.

—Y cuánto mal, si te guías por tu soberbia.

936 ¡No te me aburgueses, porque —si estás aburguesado— estorbas, te conviertes en un peso muerto para el apostolado, y sobre todo en un motivo de dolor para el Corazón de Cristo!

No dejes de hacer apostolado, no abandones tu esfuerzo por trabajar del mejor modo posible, no descuides tu vida de piedad.

—El resto, lo hará Dios.

937 De vez en cuando, en las almas hay que hacer como con la lumbre del hogar: se mete un atizador de hierro, y se remueve, para sacar la escoria, que es lo que más brilla y la causa de que se apague el fuego del amor de Dios.

938 Iremos a Jesús, al Tabernáculo, a conocerle, a digerir su doctrina, para entregar ese alimento a las almas.

939 Cuando tengas al Señor en tu pecho y gustes de los delirios de su Amor, prométele que te esforzarás por cambiar el rumbo de tu vida en todo lo que sea necesario, para llevarle a la muchedumbre, que no le conoce, que anda vacía de ideales; que, desgraciadamente, camina animalizada.

940 "Donde hay caridad y amor, allí está Dios", canta el himno litúrgico. Y así pudo anotar aquella alma: "es un tesoro grande y maravilloso este amor fraternal, que no se queda sólo en un consuelo —necesario muchas veces—, sino que transmite la seguridad de tener a Dios cerca, y se manifiesta por la caridad de los que nos rodean y con los que nos rodean".

941 ¡Huye del espectáculo!: que tu vida la conozca Dios, porque la santidad pasa inadvertida, aunque llena de eficacia.

942 Procura prestar tu ayuda sin que lo noten, sin que te alaben, sin que nadie te vea..., para que, pasando oculto, como la sal, condimentes los ambientes en que te desenvuelves; y contribuyas a lograr que todo sea —por tu sentido cristiano— natural, amable y sabroso.

943 Para que este mundo nuestro vaya por un cauce cristiano —el único que merece la pena—, hemos de vivir una leal amistad con los hombres, basada en una previa leal amistad con Dios.

944 Me has oído hablar muchas veces del apostolado «ad fidem».

No he cambiado de opinión: ¡qué maravilloso campo de trabajo nos espera en todo el mundo, con los que no conocen la verdadera fe y, sin embargo, son nobles, generosos y alegres!

945 Con frecuencia, siento ganas de gritar al oído de tantas y de tantos que, en la oficina y en el comercio, en el periódico y en la tribuna, en la escuela, en el taller y en las minas y en el campo, amparados por la vida interior y por la Comunión de los Santos, han de ser portadores de Dios en todos los ambientes, según aquella enseñanza del Apóstol: "glorificad a Dios con vuestra vida y llevadle siempre con vosotros".

946 Los que tenemos la verdad de Cristo en el corazón, hemos de meter esta verdad en el corazón, en la cabeza y en la vida de los demás. Lo contrario sería comodidad, táctica falsa.

Piénsalo de nuevo: a ti, ¿te pidió permiso Cristo para meterse en tu alma? —Te dejó la libertad de seguirle, pero te buscó El, porque quiso.

947 Con obras de servicio, podemos preparar al Señor un triunfo mayor que el de su entrada en Jerusalén... Porque no se repetirán las escenas de Judas, ni la del Huerto de los Olivos, ni aquella noche cerrada... ¡Lograremos que arda el mundo en las llamas del fuego que vino a traer a la tierra!... Y la luz de la Verdad —nuestro Jesús— iluminará las inteligencias en un día sin fin.

948 ¡No te me asustes!: tú, por cristiano, tienes el derecho y el deber de provocar, en las almas, la crisis saludable de que vivan cara a Dios.

949 Pide por todo el mundo, por los hombres de todas las razas y de todas las lenguas, y de todas las creencias; por los hombres que tienen una idea vaga de la religión, y por los que no conocen la fe.

—Y este afán de almas, que es prueba fiel y clara de que amamos a Jesús, hará que Jesús venga.

950   Al oír hablar de labores de almas en tierras lejanas, ¡cómo les brillaban los ojos! Daba la impresión de que estaban dispuestos a saltar el océano de un brinco. Y es que el mundo es muy pequeño, cuando el Amor es grande.

951   Ningún alma, ¡ninguna!, puede resultarte indiferente.

952   Un discípulo de Cristo nunca razonará así: "yo procuro ser bueno, y los demás, si quieren..., que se vayan al infierno".

Este comportamiento no es humano, ni es conforme con el amor de Dios, ni con la caridad que debemos al prójimo.

953   Cuando el cristiano comprende y vive la catolicidad, cuando advierte la urgencia de anunciar la Buena Nueva de salvación a todas las criaturas, sabe que —como enseña el Apóstol— ha de hacerse "todo para todos, para salvarlos a todos".

954   Has de querer a tus hermanos, los hombres, hasta el extremo de que incluso sus defectos —cuando no sean ofensa de Dios— no te parezcan defectos. Si no quieres más que las buenas

cualidades que veas en los demás —si no sabes comprender, disculpar, perdonar—, eres un egoísta.

955 No puedes destrozar, con tu desidia o con tu mal ejemplo, las almas de tus hermanos los hombres.

—Tienes —¡a pesar de tus pasiones!— la responsabilidad de la vida cristiana de tus prójimos, de la eficacia espiritual de todos, ¡de su santidad!

956 Lejos físicamente y, sin embargo, muy cerca de todos: ¡muy cerca de todos!..., repetías feliz.

Estabas contento, gracias a esa comunión de caridad, de que te hablé, que has de avivar sin cansancio.

957 Me preguntas qué podrías hacer por ese amigo tuyo, para que no se encuentre solo.

—Te diré lo de siempre, porque tenemos a nuestra disposición un arma maravillosa, que lo resuelve todo: rezar. Primero, rezar. Y, luego, hacer por él lo que querrías que hicieran por ti, en circunstancias semejantes.

Sin humillarle, hay que ayudarle de tal manera que le sea fácil lo que le resulta dificultoso.

958 Ponte siempre en las circunstancias del prójimo: así verás los problemas o las cuestiones serenamente, no te disgustarás, comprenderás, disculparás, corregirás cuando y como sea necesario, y llenarás el mundo de caridad.

959 No se puede ceder en lo que es de fe: pero no olvides que, para decir la verdad, no hace falta maltratar a nadie.

960 Siendo para bien del prójimo, no te calles, pero habla de modo amable, sin destemplanza ni enfado.

961 No es posible comentar sucesos o doctrinas sin referirse a personas..., a las que no juzgas: «qui iudicat Dominus est» —es Dios quien juzga.
—No te preocupes, pues, si alguna vez chocas con un interlocutor sin recta conciencia, que —por mala fe o por falta de criterio— califica tus palabras de murmuración.

962 A algunos pobrecitos les molesta el bien que haces, como si el bien dejara de serlo cuando no lo llevan a cabo o no lo controlan ellos...

—Que esa incomprensión no te sirva de excusa para aflojar en tu tarea. Esfuérzate en rendir con mayor empeño, ahora: cuando en la tierra te faltan aplausos, más grata llega tu tarea al Cielo.

963 A veces, se pierde el cincuenta por ciento de la actividad en luchas intestinas, que tienen por fundamento la ausencia de la caridad, y los cuentos y los chismes entre hermanos. De otra parte, un veinticinco por ciento de la actividad se pierde en levantar edificios innecesarios para el apostolado. No se ha de consentir jamás la murmuración y no se ha de perder el tiempo en edificar tantas casas, y así las personas serán apóstoles cien por cien.

964 Pide para los sacerdotes, los de ahora y los que vendrán, que amen de verdad, cada día más y sin discriminaciones, a sus hermanos los hombres, y que sepan hacerse querer de ellos.

965 Pensando en los sacerdotes del mundo entero, ayúdame a rezar por la fecundidad de sus apostolados.

—Sacerdote, hermano mío, habla siempre de Dios, que, si eres suyo, no habrá monotonía en tus coloquios.

966 La predicación, la predicación de Cristo "Crucificado", es la palabra de Dios.

Los sacerdotes han de prepararse lo mejor que puedan, antes de ejercer tan divino ministerio, buscando la salvación de las almas.

Los seglares han de escuchar con respeto especialísimo.

967 Me produjo alegría lo que decían de aquel sacerdote: "Predica con toda el alma... y con todo el cuerpo".

968 Reza así, alma de apóstol: Señor, haz que sepa "apretar" a la gente y encender a todos en hogueras de Amor, que sean el motor único de nuestras actividades.

969 Los católicos hemos de andar por la vida como apóstoles: con luz de Dios, con sal de Dios. Sin miedo, con naturalidad, pero con tal vida interior, con tal unión con el Señor, que alumbremos, que evitemos la corrupción y las sombras, que repartamos el fruto de la serenidad y la eficacia de la doctrina cristiana.

970 Salió el sembrador a sembrar, a echar a voleo la semilla en todas las encrucijadas de la tierra...

—¡Bendita labor la nuestra!: encargarnos de que, en todas las circunstancias de lugares y de épocas, arraigue, germine y dé fruto la palabra de Dios.

971 «Dominus dabit benignitatem suam et terra nostra dabit fructum suum» —el Señor dará su bendición, y nuestra tierra producirá su fruto.

—Sí, esa bendición es el origen de todo buen fruto, el clima necesario para que en nuestro mundo podamos cultivar santos, hombres y mujeres de Dios.

«Dominus dabit benignitatem» —el Señor dará su bendición. —Pero, fíjate bien, a continuación señala que Él espera nuestro fruto —el tuyo, el mío—, y no un fruto raquítico, desmedrado, porque no hayamos sabido entregarnos; lo espera abundante, porque nos colma de bendiciones.

972 Veías tu vocación como esas cápsulas que encierran la semilla. Ya llegará el momento de la expansión, y habrá arraigo múltiple y simultáneo.

973 Dentro de la gran muchedumbre humana —nos interesan todas las almas— has de ser fermento, para que, con la ayuda de la gracia divina y con tu correspondencia, actúes en todos los lu-

gares del mundo como la levadura, que da calidad, que da sabor, que da volumen, con el fin de
que luego el pan de Cristo pueda alimentar a otras
almas.

974 Los enemigos de Jesús —y algunos que se
dicen sus amigos—, cubiertos con la armadura de
la ciencia humana, empuñando la espada del poder, se ríen de los cristianos como el filisteo se
reía de David, despreciándole.

También ahora caerá por tierra el Goliat
del odio, de la falsía, de la prepotencia, del laicismo, del indiferentismo...; y entonces, herido el
gigantón de esas falsas ideologías por las armas
aparentemente débiles del espíritu cristiano —oración, expiación, acción—, le despojaremos de la
armadura de sus erróneas doctrinas, para revestir
a nuestros hermanos los hombres con la verdadera ciencia: la cultura y la práctica cristiana.

975 En las campañas contra la Iglesia, maqui-
nan muchas organizaciones —a veces del brazo
de los que se llaman buenos—, que mueven al
pueblo con prensa, hojas, pasquines, calumnias,
propaganda hablada. Después lo llevan por donde
quieren: al mismo infierno. Pretenden que la

masa sea amorfa, como si las personas no tuvie-
ran alma..., y dan compasión.

Pero, como tienen alma, hay que arrancar-
las de las garras de esas organizaciones del mal y
ponerlas al servicio de Dios.

976 Un tanto por ciento muy considerable de
las personas, que frecuentan los Sacramentos, lee
la mala prensa...

Con calma y con amor de Dios, hemos de
rogar y de dar doctrina, para que no lean esos pa-
peluchos endiablados que, según dicen —porque
se avergüenzan—, compran los de su familia,
aunque quizá lo hagan ellos mismos.

977 Defiende la verdad, con caridad y con firmeza, cuando se trata de las cosas de Dios. Practica la santa desvergüenza de denunciar los errores, que a veces son pequeñas insidias; otras,
odiosas razones o descaradas ignorancias; y, de
ordinario, manifestación de la impotencia de los
hombres, que no pueden tolerar la fecundidad de
la palabra de Dios.

978 En momentos de desorientación general,
cuando clamas al Señor por ¡sus almas!, parece

como si no te oyera, como si se hiciera sordo a tus llamadas. Incluso llegas a pensar que tu trabajo apostólico es vano.

—¡No te preocupes! Sigue trabajando con la misma alegría, con la misma vibración, con el mismo afán. —Déjame que insista: cuando se trabaja por Dios, ¡nada es infecundo!

979 Hijo: todos los mares de este mundo son nuestros, y allí donde la pesca es más difícil es también más necesaria.

980 Con tu doctrina de cristiano, con tu vida íntegra y con tu trabajo bien hecho, tienes que dar buen ejemplo, en el ejercicio de tu profesión, y en el cumplimiento de los deberes de tu cargo, a los que te rodean: tus parientes, tus amigos, tus compañeros, tus vecinos, tus alumnos... —No puedes ser un chapucero.

981 Por tu trato con Cristo, estás obligado a rendir fruto.

—Fruto que sacie el hambre de las almas, cuando se acerquen a ti, en el trabajo, en la convivencia, en el ambiente familiar...

982 Con tu cumplimiento gustoso y generoso del deber, logras también abundante gracia del Señor para otras almas.

983 Esfuérzate en llevar tu sentido cristiano al mundo, para que haya muchos amigos de la Cruz.

984 Además de su gracia cuantiosa y eficaz, el Señor te ha dado la cabeza, las manos, las facultades intelectuales, para que hagas fructificar tus talentos.

Dios quiere operar milagros constantes —resucitar muertos, dar oído a los sordos, vista a los ciegos, posibilidades de andar a los cojos...—, a través de tu actuación profesional santificada, convertida en holocausto grato a Dios y útil a las almas.

985 El día en que no procures acercar a otros a Dios —tú, que debes ser siempre brasa encendida— te convertirás en un carboncito despreciable, o en un montoncito de ceniza, que un soplo de viento dispersa.

—Tienes que llevar fuego, tienes que ser algo que queme, que arda, que produzca hogueras de amor de Dios, de fidelidad, de apostolado.

986 Invoca a la Santísima Virgen; no dejes de pedirle que se muestre siempre Madre tuya: «monstra te esse Matrem!», y que te alcance, con la gracia de su Hijo, claridad de buena doctrina en la inteligencia, y amor y pureza en el corazón, con el fin de que sepas ir a Dios y llevarle muchas almas.

ETERNIDAD

987 Un hijo de Dios no tiene ni miedo a la vida, ni miedo a la muerte, porque el fundamento de su vida espiritual es el sentido de la filiación divina: Dios es mi Padre, piensa, y es el Autor de todo bien, es toda la Bondad.

—Pero, ¿tú y yo actuamos, de verdad, como hijos de Dios?

988 Me llenó de gozo ver que comprendías lo que te dije: tú y yo tenemos que obrar y vivir y morir como enamorados, y "viviremos" así eternamente.

989 El Señor vence siempre. —Si eres instrumento suyo, también tú vencerás, porque lucharás los combates de Dios.

990 La santidad consiste precisamente en esto: en luchar, por ser fieles, durante la vida; y en aceptar gozosamente la Voluntad de Dios, a la hora de la muerte.

991 Cuando recibas al Señor en la Eucaristía, agradécele con todas las veras de tu alma esa bondad de estar contigo.

—¿No te has detenido a considerar que pasaron siglos y siglos, para que viniera el Mesías? Los patriarcas y los profetas pidiendo, con todo el pueblo de Israel: ¡que la tierra tiene sed, Señor, que vengas!

—Ojalá sea así tu espera de amor.

992 También en estos tiempos, a despecho de los que niegan a Dios, la tierra está muy cerca del Cielo.

993 Escribías: "«simile est regnum caelorum» —el Reino de los Cielos es semejante a un tesoro... Este pasaje del Santo Evangelio ha caído en mi alma echando raíces. Lo había leído tantas veces, sin coger su entraña, su sabor divino".

¡Todo..., todo se ha de vender por el hombre discreto, para conseguir el tesoro, la margarita preciosa de la Gloria!

994 Ponte en coloquio con Santa María, y confíale: ¡oh, Señora!, para vivir el ideal que Dios ha metido en mi corazón, necesito volar... muy alto, ¡muy alto!

No basta despegarte, con la ayuda divina, de las cosas de este mundo, sabiendo que son tierra. Más incluso: aunque el universo entero lo coloques en un montón bajo tus pies, para estar más cerca del Cielo..., ¡no basta!

Necesitas volar, sin apoyarte en nada de aquí, pendiente de la voz y del soplo del Espíritu. —Pero, me dices, ¡mis alas están manchadas!: barro de años, sucio, pegadizo...

Y te he insistido: acude a la Virgen. Señora —repíteselo—: ¡que apenas logro remontar el vuelo!, ¡que la tierra me atrae como un imán maldito! —Señora, Tú puedes hacer que mi alma se lance al vuelo definitivo y glorioso, que tiene su fin en el Corazón de Dios.

—Confía, que Ella te escucha.

995 Piensa qué grato es a Dios Nuestro Señor el incienso que en su honor se quema; piensa también en lo poco que valen las cosas de la tierra, que apenas empiezan ya se acaban...

En cambio, un gran Amor te espera en el Cielo: sin traiciones, sin engaños: ¡todo el amor, toda la belleza, toda la grandeza, toda la ciencia...! Y sin empalago: te saciará sin saciar.

996 ¡Visión sobrenatural! ¡Calma! ¡Paz! Mira así las cosas, las personas y los sucesos..., con ojos de eternidad.

Entonces, cualquier muro que te cierre el paso —aunque, humanamente hablando, sea imponente—, en cuanto alces los ojos de veras al Cielo, ¡qué poca cosa es!

997 Si estamos cerca de Cristo y seguimos sus pisadas, hemos de amar de todo corazón la pobreza, el desprendimiento de los bienes terrenos, las privaciones.

998 En la vida espiritual, muchas veces hay que saber perder, cara a la tierra, para ganar en el Cielo. —Así se gana siempre.

999 Mienten los hombres cuando dicen "para siempre" en cosas temporales. Sólo es verdad, con una verdad total, el "para siempre" de la eternidad.

—Y así has de vivir tú, con una fe que te haga sentir sabores de miel, dulzuras de cielo, al pensar en esa eternidad, ¡que sí es para siempre!

1000 Si no hubiera más vida que ésta, la vida sería una broma cruel: hipocresía, maldad, egoísmo, traición.

1001 Sigue adelante, con alegría, con esfuerzo, aun siendo tan poca cosa, ¡nada!

—Con El, nadie te parará en el mundo. Piensa, además, que todo es bueno para los que aman a Dios: en esta tierra, se puede arreglar todo, menos la muerte: y para nosotros la muerte es Vida.

1002 Por salvar al hombre, Señor, mueres en la Cruz; y, sin embargo, por un solo pecado mortal, condenas al hombre a una eternidad infeliz de tormentos...: ¡cuánto te ofende el pecado, y cuánto lo debo odiar!

1003 Asegura Santa Teresa que "quien no hace oración no necesita demonio que le tiente; en tanto que, quien tiene tan sólo un cuarto de hora al día, necesariamente se salva"..., porque el diálogo con el Señor —amable, aun en los tiempos de aspereza o de sequedad del alma— nos descubre el auténtico relieve y la justa dimensión de la vida.

Sé alma de oración.

1004 "Luego tú eres rey"... —Sí, Cristo es el Rey, que no sólo te concede audiencia cuando lo deseas, sino que, en delirio de Amor, hasta abandona —¡ya me entiendes!— el magnífico palacio del Cielo, al que tú aún no puedes llegar, y te espera en el Sagrario.

—¿No te parece absurdo no acudir presuroso y con más constancia a hablar con El?

1005 Cada vez estoy más persuadido: la felicidad del Cielo es para los que saben ser felices en la tierra.

1006 Veo con meridiana claridad la fórmula, el secreto de la felicidad terrena y eterna: no conformarse solamente con la Voluntad de Dios, sino adherirse, identificarse, querer —en una palabra—, con un acto positivo de nuestra voluntad, la Voluntad divina.

—Este es el secreto infalible —insisto— del gozo y de la paz.

1007 Cuántas veces te verás inundado, borracho de gracia de Dios: ¡qué gran pecado, si no correspondes!

1008 En la hora de la tentación, ejercita la virtud de la Esperanza, diciendo: para descansar y gozar, una eternidad me aguarda; ahora, lleno de Fe, a ganar con el trabajo, el descanso; y, con el dolor, el goce... ¿Qué será el Amor, en el Cielo?

Mejor aún, ejercita el Amor, reaccionando así: quiero dar gusto a mi Dios, a mi Amado, cumpliendo su Voluntad en todo..., como si no hubiera premio ni castigo: solamente por agradarle.

1009 Cuando —a veces, como un relámpago; en ocasiones, como una mosca sucia y pesada, a la que se echa y vuelve— venga a desazonarte el pensamiento de que te falta rectitud de intención, haz siempre, y enseguida, actos contrarios..., y sigue trabajando tranquilo, por El y con El.

—De paso, aunque te parezca que lo pronuncias sólo con los labios, di despacio: Señor, para mí nada quiero. Todo para tu gloria y por tu Amor.

1010 Igual te da estar aquí que en la China, me dices.

—Pues procura estar donde cumplas la Santa Voluntad de Dios.

1011 De ti depende también que muchos no permanezcan en las tinieblas, y caminen por senderos que llevan hasta la vida eterna.

1012 Acostúmbrate a encomendar a cada una de las personas que tratas a su Angel Custodio, para que le ayude a ser buena y fiel, y alegre; para que pueda recibir, a su tiempo, el eterno abrazo de Amor de Dios Padre, de Dios Hijo, de Dios Espíritu Santo y de Santa María.

1013 Como el grano de trigo, tenemos necesidad de la muerte para ser fecundos.

Tú y yo queremos abrir, con la gracia de Dios, un surco hondo y luminoso. Por eso, hemos de dejar al pobre hombre animal y lanzarnos por los campos del espíritu, dando sentido sobrenatural a todas las tareas humanas y, a la vez, a los hombres que allí trabajan.

1014 Jesús: que mis distracciones sean distracciones al revés: en lugar de acordarme del mundo, cuando trate Contigo, que me acuerde de Ti, al tratar las cosas del mundo.

1015 Te has asustado un poco al ver tanta luz..., tanta que se te antoja difícil mirar, y aun ver.
       —Cierra los ojos a tu evidente miseria; abre la mirada de tu alma a la fe, a la esperanza, al amor, y sigue adelante, dejándote guiar por El, a través de quien dirige tu alma.

1016 ¡Sé generoso! No le pidas a Jesús ¡ni un consuelo!
       —¿Por qué?, me has preguntado. Porque, te he respondido, bien sabes que, aunque parezca que este Dios Nuestro está lejos, ¡está de asiento en el centro de tu alma, poniendo relieve divino en tu vida entera!

1017 Te contaba que hasta personas que no han recibido el bautismo me han dicho conmovidas: "es verdad, yo comprendo que las almas santas tienen que ser felices, porque miran los sucesos con una visión que está por encima de las cosas de la tierra, porque ven las cosas con ojos de eternidad".

¡Ojalá no te falte esta visión! —añadí
después—, para que seas consecuente con el trato
de predilección que de la Trinidad has recibido.

1018 Te aseguro que, si los hijos de Dios queremos, contribuiremos poderosamente a iluminar
el trabajo y la vida de los hombres, con el resplan-
dor divino —¡eterno!— que el Señor ha querido
depositar en nuestras almas.

—Pero "quien dice que mora en Jesús,
debe seguir el camino que El siguió", como enseña San Juan: camino que conduce siempre a la
gloria, pasando —siempre también— a través del
sacrificio.

1019 ¡Qué desencanto para los que vieron la
luz del pseudoapóstol, y quisieron salir de sus tinieblas acercándose a esa claridad! Han corrido
para llegar. Quizá dejaron por el camino jirones
de su piel... Algunos, en su ansia de luz, abando-
naron también jirones de su alma... Ya están junto
al pseudoapóstol: frío y oscuridad. Frío y oscuridad, que acabarán de llenar los corazones rotos de
quienes, por un momento, creyeron en el ideal.

Mala obra ha hecho el pseudoapóstol:
esos hombres decepcionados, que vinieron a tro-

car la carne de sus entrañas por una brasa ardiente, por un pasmoso rubí de caridad, bajan de nuevo a la tierra de donde vinieron..., bajan con el corazón apagado, con un corazón que no es corazón..., es un pedazo de hielo envuelto en tinieblas que llegarán a nublar su cerebro.

Falso apóstol de las paradojas, ésa es tu obra: porque tienes a Cristo en tu lengua y no en tus hechos; porque atraes con una luz, de que careces; porque no tienes calor de caridad, y finges preocuparte de los extraños a la vez que abandonas a los tuyos; porque eres mentiroso y la mentira es hija del diablo... Por eso, trabajas para el demonio, desconciertas a los seguidores del Amo, y, aunque triunfes aquí con frecuencia, ¡ay de ti, el próximo día, cuando venga nuestra amiga la Muerte y veas la ira del Juez a quien nunca has engañado! —Paradojas, no, Señor: paradojas, nunca.

1020 Este es el camino seguro: por la humillación, hasta la Cruz; desde la Cruz, con Cristo a la Gloria inmortal del Padre.

1021 ¡Cómo me hizo gozar la epístola de ese día! El Espíritu Santo, por San Pablo, nos enseña el secreto de la inmortalidad y de la Gloria. Los hombres todos sentimos ansias de perdurar.

Querríamos hacer eternos los instantes de nuestra vida, que reputamos felices. Querríamos glorificar nuestra memoria... Querríamos la inmortalidad para nuestros ideales. Por eso, en los momentos de aparente felicidad, al tener algo que consuela nuestro desamparo, todos, naturalmente, decimos y deseamos: para siempre, para siempre...

¡Qué sabiduría la del demonio! ¡Qué bien conocía el corazón humano! Seréis como dioses, les dijo a los primeros padres. Aquello fue un engaño cruel. San Pablo, en esta epístola a los Filipenses, enseña un divino secreto, para tener la inmortalidad y la Gloria: se anonadó Jesús, tomando forma de siervo... Se humilló a sí mismo haciéndose obediente hasta la muerte, y muerte de Cruz. Por lo cual, Dios lo exaltó y le dio un nombre que está por encima de todo nombre: para que ante el nombre de Jesús se arrodillen todos en los Cielos y en la tierra y en los infiernos...

1022 Para acompañar a Cristo en su Gloria, en el triunfo final, es necesario que participemos antes en su holocausto, y que nos identifiquemos con El, muerto en el Calvario.

1023 No te distraigas, no dejes suelta la imaginación: vive dentro de ti y estarás más cerca de Dios.

1024 Ayúdame a repetirlo al oído de aquél, y del otro..., y de todos: el pecador, que tenga fe, aunque consiga todas las bienaventuranzas de la tierra, necesariamente es infeliz y desgraciado.

Es verdad que el motivo que nos ha de llevar a odiar el pecado, aun el venial, el que debe mover a todos, es sobrenatural: que Dios lo aborrece con toda su infinidad, con odio sumo, eterno y necesario, como mal opuesto al infinito bien...; pero la primera consideración, que te he apuntado, nos puede conducir a esta última.

1025 Tanto tendrás de santidad, cuanto tengas de mortificación por Amor.

1026 Se había desatado la persecución violenta. Y aquel sacerdote rezaba: Jesús, que cada incendio sacrílego aumente mi incendio de Amor y Reparación.

1027 Al considerar la hermosura, la grandeza y la eficacia de la tarea apostólica, aseguras que llega a dolerte la cabeza, pensando en el camino que queda por recorrer —¡cuántas almas esperan!—; y te sientes felicísimo, ofreciéndote a Jesús por esclavo suyo. Tienes ansias de Cruz y de dolor y de Amor y de almas. Sin querer, en movimiento instintivo —que es Amor—, extiendes los brazos y abres las palmas, para que El te cosa a su Cruz bendita: para ser su esclavo —«serviam!»—, que es reinar.

1028 Me conmovió la súplica encendida que salió de tus labios: Dios mío: sólo deseo ser agradable a tus ojos: todo lo demás no me importa. —Madre Inmaculada, haz que me mueva exclusivamente el Amor.

1029 Pide de todo corazón la muerte, y mil muertes, antes que ofender a tu Dios.

Y esto, no por las penas del pecado —que tanto merecemos—, sino porque Jesús ha sido y es tan bueno contigo.

1030 Dios mío: ¿cuándo te querré a Ti, por Ti? Aunque, bien mirado, Señor, desear el premio perdurable es desearte a Ti, que Te das como recompensa.

1031 Gustad y ved qué bueno es el Señor, reza el Salmista.

—La conquista espiritual, porque es Amor, ha de ser —en lo grande y en lo pequeño— ansia de Infinito, de eternidad.

1032 Jesús, no quiero pensar lo que será el "mañana", porque no quiero poner límites a tu generosidad.

1033 Haz tuyos los pensamientos de aquel amigo, que escribía: "estuve considerando las bondades de Dios conmigo y, lleno de gozo interior, hubiera gritado por la calle, para que todo el mundo se enterara de mi agradecimiento filial: ¡Padre, Padre! Y, si no gritando, por lo bajo anduve llamándole así —¡Padre!—, muchas veces, seguro de agradarle.

—Otra cosa no busco: sólo quiero su agrado y su Gloria: todo para El. Si quiero la salvación, la santificación mía, es porque sé que El la quiere. Si, en mi vida de cristiano, tengo ansias de almas, es porque sé que El tiene esas ansias. De verdad lo digo: nunca he de poner los ojos en el premio. No deseo recompensa: ¡todo por Amor!"

1034 ¡Cómo amaba la Voluntad de Dios aquella enferma a la que atendí espiritualmente!: veía en la enfermedad, larga, penosa y múltiple (no tenía nada sano), la bendición y las predilecciones de Jesús: y, aunque afirmaba en su humildad que merecía castigo, el terrible dolor que en todo su organismo sentía no era un castigo, era una misericordia.

—Hablamos de la muerte. Y del Cielo. Y de lo que había de decir a Jesús y a Nuestra Señora... Y de cómo desde allí "trabajaría" más que aquí... Quería morir cuando Dios quisiera..., pero —exclamaba, llena de gozo— ¡ay, si fuera hoy mismo! Contemplaba la muerte con la alegría de quien sabe que, al morir, se va con su Padre.

1035 No temas la muerte. ¡Es tu amiga!

—Procura acostumbrarte a esa realidad, asomándote con frecuencia a tu sepultura: y allí, mira, huele y palpa tu cadáver podrido, de ocho días difunto.

—Esto recuérdalo, de modo especial, cuando el ímpetu de tu carne te perturbe.

1036 Al abrirme su alma, decía: "pensaba estos días en la muerte, como en un descanso, a pe-

sar de mis crímenes. Y consideraba: si me comu-
nicaran: «ha llegado la hora de morir», con qué
gusto contestaría: «ha llegado la hora de Vivir»".

1037 Morir es una cosa buena. ¿Cómo puede
ser que haya quien tenga fe y, a la vez, miedo a la
muerte?... Pero mientras el Señor te quiera mantener en la tierra, morir, para ti, es una cobardía.
Vivir, vivir y padecer y trabajar por Amor: esto es
lo tuyo.

1038 Siquiera una vez al día, ponte con el pensamiento en trance de muerte, para ver con esa luz
los sucesos de cada jornada.

　　　Te aseguro que tendrás una buena experiencia de la paz que esa consideración produce.

1039 Te quedaste muy serio al escucharme:
acepto la muerte cuando El quiera, como El
quiera y donde El quiera; y a la vez pienso que es
"una comodidad" morir pronto, porque hemos de
desear trabajar muchos años para El y, por El, en
servicio de los demás.

1040 ¿Morirse?... ¡Qué comodidad!, repito.
　　　—Como aquel santo obispo, anciano y

enfermo, di: «non recuso laborem»: Señor, mientras te pueda ser útil, no rehúso vivir y trabajar por Ti.

1041 No quieras hacer nada por ganar mérito, ni por miedo a las penas del purgatorio: todo, hasta lo más pequeño, desde ahora y para siempre, empéñate en hacerlo por dar gusto a Jesús.

1042 Desea ardientemente que, cuando nuestra buena e inevitable hermana la muerte venga a hacerte el servicio de llevarte ante Dios, ¡no te encuentres atado a cosa alguna de la tierra!

1043 Si anhelas tener vida, y vida y felicidad eternas, no puedes salirte de la barca de la Santa Madre Iglesia. —Mira: si tú te alejas del ámbito de la barca, te irás entre las olas del mar, vas a la muerte, anegado en el océano; dejas de estar con Cristo, pierdes su amistad, que voluntariamente elegiste cuando te diste cuenta de que El te la ofrecía.

1044 Jesús vino a la tierra para padecer..., y para evitar los padecimientos —también los terrenos— de los demás.

1045 ¡No hay mejor señorío que saberse en servicio: en servicio voluntario a todas las almas!
—Así es como se ganan los grandes honores: los de la tierra y los del Cielo.

1046 Ante el dolor y la persecución, decía un alma con sentido sobrenatural: "¡prefiero que me peguen aquí, a que me peguen en el purgatorio!"

1047 Si amo, para mí no habrá infierno.

1048 ¡Qué bueno es vivir de Dios! ¡Qué bueno es no querer más que su Gloria!

1049 Si quieres de veras alcanzar vida y honor eternos, aprende a prescindir en muchos casos de tus nobles ambiciones personales.

1050 No pongas tu "yo" en tu salud, en tu nombre, en tu carrera, en tu ocupación, en cada paso que das... ¡Qué cosa tan molesta! Parece que te has olvidado de que "tú" no tienes nada, todo es de El.
Cuando a lo largo del día te sientas —quizá sin motivo— humillado; cuando pienses que tu criterio debería prevalecer; cuando perci-

bas que en cada instante borbota tu "yo", lo tuyo, lo tuyo, lo tuyo..., convéncete de que estás matando el tiempo, y de que estás necesitando que "maten" tu egoísmo.

1051　Te aconsejo que no busques la alabanza propia, ni siquiera la que merecerías: es mejor pasar oculto, y que lo más hermoso y noble de nuestra actividad, de nuestra vida, quede escondido... ¡Qué grande es este hacerse pequeños!: «Deo omnis gloria!» —toda la gloria, para Dios.

1052　En momentos de desconsuelo, le decía al Señor aquella alma: "Jesús mío, ¿qué iba a darte, fuera de la honra, si no tenía otra cosa? Si hubiera tenido fortuna, te la habría entregado. Si hubiera tenido virtudes, con cada una edificaría, para servirte. Sólo tenía la honra, y te la di. ¡Bendito seas! ¡Bien se ve que estaba segura en tus manos!"

1053　El barro fue mi principio y la tierra es la herencia de todo mi linaje.
　　　　¿Quién, sino Dios, merece alabanza?

1054　Cuando sientas el orgullo que hierve dentro de ti —¡la soberbia!—, que te hace considerarte como un superhombre, ha llegado el momento de exclamar: ¡no! Y así, saborearás la alegría del buen hijo de Dios, que pasa por la tierra con errores, pero haciendo el bien.

1055 «Sancta Maria, Stella maris» —Santa María, Estrella del mar, ¡condúcenos Tú!

—Clama así con reciedumbre, porque no hay tempestad que pueda hacer naufragar el Corazón Dulcísimo de la Virgen. Cuando veas venir la tempestad, si te metes en ese Refugio firme, que es María, no hay peligro de zozobra o de hundimiento.

ÍNDICE ANALÍTICO

ACCIONES DE GRACIAS

221, 265, 313, 333, 365, 866, 891; motivos: 11, 16, 19, 27, 279, 773, 776, 904; correspondencia a Dios: 173, 174, 304; rezo del "Te Deum": 609.

ACTIVIDADES TEMPORALES

636, 684, 712, 725, 735, 979; estar presentes: 715, 717, 718; poner a Cristo en la cumbre: 678, 682, 685, 716; sentido divino: 688, 707, 945.

V. LIBERTAD, MUNDO, SECULARIDAD, TRA-BAJO.

ALEGRIA

180, 183, 858, 914, 1005, 1006, 1021, 1024; alegría de hijos de Dios: 105, 266, 269, 332, 423, 520, 1054; alegría y Cruz: 28, 174, 504; alegría y paz: 648, 677; ascetismo sonriente: 149; buen humor: 151, 392, 590; consecuencia de la entrega: 54, 239, 275, 308, 368, 591, 814, 816.

V. ENTREGA, LUCHA ASCETICA (alegre y depor-tiva), MORTIFICACION, OPTIMISMO.

ALMA HUMANA

34, 893.

V. PERSONA HUMANA, VIDA HUMANA.

ALMA SACERDOTAL

369, 882.

V. BAUTISMO, EUCARISTIA, VIDA INTERIOR.

Fundamento del apostolado: 63, 121, 397, 399, 710, 734, 856, 892, 919, 922, 933, 938, 969; medios sobrenaturales: 571, 664, 731, 911, 957, 974, 986, 1012. V. MEDIOS, VIDA INTERIOR, VIDA SOBRENATURAL.

Instrumentos de Dios: 674, 675. V. HUMILDAD (en el apostolado), INSTRUMENTOS DE DIOS.

Derecho y deber: 24, 672, 707, 900, 902, 946, 948.

Celo apostólico: 9, 22, 25, 27, 52, 57, 143, 282, 300, 375, 570, 573, 670, 722, 790, 823, 868, 870, 881, 896, 898, 901, 906, 912, 914, 916, 922, 925, 939, 952, 968, 973, 977, 985, 1011, 1027, 1037, 1039, 1040.

Modo de hacerlo: 957; a través del trabajo: 984; ahogar el mal en abundancia de bien: 848; apostolado de la inteligencia: 636; con el ejemplo y la palabra: 575, 576; con don de lenguas: 895; en la vida ordinaria: 917; en la vida pública: 465.

Virtudes que requiere: 337, 342, 574, 662, 663, 666, 667, 843, 847, 858, 863, 867, 871-873, 880, 980, 1019.

Dificultades en el apostolado: 283, 637, 653, 655, 668. V. DIFICULTADES.

Eficacia apostólica, frutos: 232, 257, 372, 651, 809, 849, 920, 927, 963, 971, 972, 978, 981, 1013. V. EFICACIA.

Apostolado de la doctrina: 579, 580, 633, 841, 918, 975, 976. V. DOCTRINA.

Apostolado del ejemplo: 36 452, 460, 695, 955. V. TESTIMONIO.

Apostolado "ad fidem": 944. V. ECUMENISMO.

Unidad del apostolado: 175, 583, 632, 865, 949, 950, 953, 963, 979.

APOSTOLES
6, 8, 111, 356, 668; San Pedro: 36, 497, 805; San Pablo: 124, 180, 584, San Juan: 36, 422, 454, 496, 589.

APROVECHAMIENTO DEL TIEMPO
163, 701, 705, 706, 962, 963.

V. ORDEN.

AUDACIA
216, 218, 260, 676, 711, 716, 977.

V. FORTALEZA, VALENTIA.

AUTORIDAD
727, 884, 885.

V. GOBIERNO.

BAUTISMO
264, 622.

BORRICO
330, 380, 381.

CARACTER
99-101, 468, 603, 642, 805.

CARIDAD
100, 146-152, 260, 270, 877; amor a la Iglesia: 584; amor y sacrificio: 28, 299.

Con Dios: 430-448; "locura de Amor": 205, 210, 338, 790; agradar a Dios: 35, 417, 494, 1008, 1028, 1029; almas de Eucaristía: 70, 835, 837; amor a Jesucristo: 271, 404, 437, 448, 449, 497; con el corazón: 29, 204, 503; con obras: 62, 63, 440, 498, 499, 505; hacerlo todo por amor: 278, 618, 742; vivir de Amor: 12, 64, 117, 185, 202, 247, 493, 500, 737, 893, 933, 988, 995, 1047, 1048. V. PIEDAD.

Con los hombres: 34, 79, 150, 282, 453-460, 558, 885, 940; amar a los demás por Dios: 502, 693, 849, 869, 872, 876; mandamiento nuevo: 454, 456, 889; comprensión: 131, 145, 559, 564, 961; manifestaciones de la caridad: 151, 457, 458, 557, 561-563, 566, 567, 573, 578, 699, 726, 900, 925, 942, 954, 957; amabilidad en el trato: 145, 457, 959, 960; corrección fraterna: 146, 147; catequesis y visitas a los pobres: 600; perdón de las ofensas: 650, 802; universal y ordenada: 143, 650, 859, 868, 951, 952. V. APOSTOLADO, COMPRENSION, CORRECCION FRATERNA, FRATERNIDAD, VERACIDAD.

CASTIDAD
89, 315, 413, 553, 691; afirmación gozosa: 91, 92; medios para vivirla: 90, 316, 317, 414, 415, 845, 864.

V. CORAZON (guarda del corazón), HEDONISMO.

CONOCIMIENTO PROPIO

180, 181, 185, 222, 314, 326, 363, 710, 794. V. HU-
MILDAD (y conocimiento propio).

CONTEMPLATIVOS

80, 86, 229, 297, 439, 441, 737-749, 1014; en medio
del mundo: 537, 738, 740, 748; diálogo ininterrumpido: 74, 230, 261, 262, 435, 437, 506, 538, 743.

V. ORACION, PIEDAD, PRESENCIA DE DIOS.

CONTRADICCIONES

225, 227, 253, 254, 258, 793-799, 812, 852; pruebas de
amor de Dios: 340, 815; en el apostolado: 255, 256,
655, 804, 962; actitud ante las contradicciones: 245,
248, 283, 595, 776, 793, 799, 802, 803, 817, 931.

V. DIFICULTADES.

CONTRICION

115, 172, 189, 198, 349, 384, 387, 550; dolor de Amor:
41, 153, 159, 161, 176, 177, 179, 200, 202, 206, 210.

V. CONFESION SACRAMENTAL, CONVERSION,
EXAMEN DE CONCIENCIA, FLAQUEZAS, HU-
MILDAD (y flaquezas), REPARACION.

CONVERSION

112, 170, 475, 476; rectificar: 32, 159, 163, 172, 202,
398, 480, 481, 883; comenzar y recomenzar: 97, 344,
378; con la ayuda de la Virgen: 162.

V. CONTRICION.

404, 761, 774; estar con Cristo en la Cruz: 206, 412, 522; meditación de la Cruz: 402, 405, 406, 575, 777; el Espíritu Santo, fruto de la Cruz: 759; resello divino: 517, 521, 773, 779, 787; sacrificio y mortificación: 760, 768, 811; señales de la verdadera Cruz: 772; signo de victoria: 757, 782, 788.

V. MORTIFICACION, PENITENCIA.

CULTO DIVINO
47, 438, 546, 719, 836.
V. MISA, LITURGIA.

CULTURA
636, 719, 974.

V. ESTUDIO, LECTURAS.

DEBERES Y DERECHOS
cumplimiento del deber: 616, 625, 733, 982; deberes sociales: 453, 465, 695-697, 709-728, 714, 717; respetar la fama: 961.

V. FAMILIA CRISTIANA, JUSTICIA, SOCIEDAD CIVIL, TRABAJO.

DEFECTOS
312, 403, 616.

V. FLAQUEZAS.

DEMONIO
126, 127, 307, 309, 311, 394, 466.

DOCILIDAD
aprender a obedecer: 626, 627; docilidad a la gracia:
178, 224, 813, 860, 874, 875; docilidad de instrumentos: 340, 614; en el apostolado: 574.

V. GRACIA DIVINA (correspondencia), OBEDIEN-
CIA.

DOCTRINA
Necesidad de tener buena doctrina: formación doctrinal: 132, 840, 841, 966; piedad y doctrina: 479, 579,
694, 918, 938; no ceder en lo que es de fe: 580.

Catequesis: 104, 635, 974, 976; con don de lenguas:
634, 895.

V. APOSTOLADO (de la doctrina), EVANGELIZA-
CION, FE, LECTURAS, VERACIDAD.

DOLOR
791-794; sentido cristiano: 604, 771, 816, 1034, 1046.

V. CRUZ, ENFERMEDAD.

ECUMENISMO
131, 456.

EFICACIA
425, 513, 536.

V. APOSTOLADO (eficacia apostólica, frutos).

EGOISMO
141, 310, 767.

V. HUMILDAD (y olvido de sí).

EJEMPLOS GRAFICOS
al paso de Dios: 531; alfarero: 875; antena de lo sobrenatural: 510; antorchas: 1; armadura de la ciencia: 974; barca en las olas: 1043; borrico: 563, 607, 672; brasa encendida: 570; cápsulas de semilla: 972; carbón y cenizas. 985; clavo en la pared: 245; colirio: 370; coplas a lo divino: 435; "don de lenguas": 634, 895; escoria: 937; escultor divino: 403, 609; espina clavada. 329; fermento en la masa: 973; fundamento: 472, 473; grano de trigo: 1013; hacerse alfombra: 562; inquietud del artista. 385; instalaciones eléctricas. 670; jardín sin flores lozanas: 606; juglar de Dios: 485; latir del corazón: 518; microbios y fieras: 481; miembros de un mismo cuerpo: 471; municiones para la guerra: 664; niño subiendo escalones: 346; no bajar la puntería: 893; nubes (aguas) fecundas: 927; oro y diamantes: 741; pajarillo y águila: 39, palos pintados de rojo: 81; pesca y redes: 574, 979; piezas de una máquina: 666; pisotearse a sí mismo: 532; pluma estilográfica: 610; pobre que se descubre hijo del Rey: 334; prosa diaria: 522; punto de mira: 749; quemar las naves: 907; rey Midas: 742; rigidez del cartón (muñeca de trapo): 156; sal: 942; sembrador: 464, 894, 970; soltar el "sapo": 193; vid y sarmientos: 425, 437, 932.

ENFERMEDAD
791.

V. DOLOR.

ENTREGA
117, 395, 396, 528, 594, 851-854, 908, 926, 935; dedicación a Dios: 7, 43, 44, 61, 87, 122, 201, 356, 679, 851, 878, 891; generosidad: 6, 64, 108, 111, 364, 385, 494, 496, 517, 620, 675, 803, 857, 893, 907, 930; libertad y entrega: 819, 855; correspondencia: 62, 96, 531, 544; 613; espíritu de servicio: 853, 1050; del corazón: 45, 204; el ejemplo de la Virgen: 854; frutos de la entrega: 59, 623, 648, 971.

V. FIDELIDAD, LIBERTAD, VOCACION (fidelidad a la vocación).

ESPERANZA
211, 284, 293, 332, 660; a pesar de las flaquezas: 507, 606, 607; en la lucha: 119, 120, 167, 168, 194, 237, 277, 483; esperanza del Cielo: 989-996, 999, 1000, 1008, 1030-1034, 1036, 1049; esperanza en Jesucristo: 319, 320, 387; la Virgen, Esperanza nuestra: 161, 273, 281, 336, 474, 994.

V. CONFIANZA (en Dios), VIDA ETERNA.

ESPIRITU SANTO
Consolador: 2; fruto de la Cruz: 759; actividad en el alma: 424, 429, 430, 515, 516, 860, 923; devoción al Espíritu Santo: 68, 514, 924.

V. GRACIA DIVINA, TRINIDAD SANTISIMA.

EXAMEN DE CONCIENCIA

espíritu de examen: 109, 115, 487, 494, 511, 898, 906, 930; humildad, sinceridad: 56, 108, 356, 616; modo de hacerlo: 153, 326; necesidad: 110, 480, 481.

EXPIACION
207.

V. PENITENCIA, REPARACION.

FAMILIA CRISTIANA

naturaleza y características: 104, 689-693, 908; formación de los hijos: 692; derechos y deberes de los hijos: 19, 21; las familias y la vocación: 17, 18.

V. MATRIMONIO.

FE

Naturaleza y necesidad: 197, 228, 324, 386; en los momentos de dificultad: 219, 231, 235, 256, 257; obstáculos a la fe: 235, 259, 635; fe en la Sagrada Eucaristía: 268.

Fortaleza en la fe: 131, 456, 580, 602, 726, 805, 863, 959.

Fe operativa: 155, 211, 256, 257, 544, 575, 657, 930; vida de fe: 235, 448, 653, 659, 723, 999, 1017.

V. DOCTRINA, LECTURAS, MAGISTERIO DE LA IGLESIA.

FORTALEZA
325, 337, 473, 643, 762, 792, 884, 885.

V. AUDACIA, COMPRENSION, PACIENCIA, SE-
RENIDAD, VALENTIA.

FRATERNIDAD
146-152, 251, 460, 561, 563, 846, 940; caridad, cariño:
98, 148, 149, 454, 455; corrección fraterna: 146, 147,
641; servicio: 469, 471, 557, 562; delicadeza en el
trato: 99.

V. CORRECCION FRATERNA, VOCACION CRIS-
TIANA.

GENEROSIDAD
con Dios: 43-45, 291, 338, 674; en el servicio de los
demás: 141, 150.

V. ABNEGACION, DESPRENDIMIENTO, EN-
TREGA, SERVICIO.

GLORIA DE DIOS
255, 334, 611, 639, 704, 851, 921, 1051, 1053.

V. HUMILDAD (y gloria de Dios).

GOBIERNO
577, 627, 727, 884, 885.

V. AUTORIDAD, DIRECCION ESPIRITUAL, SER-
VICIO.

Humildad y conocimiento propio: 33, 41, 56, 145, 171, 174, 176, 184, 197, 338, 342, 379, 593, 606, 607, 643, 751, 794, 822, 1053. V. CONOCIMIENTO PROPIO, EXAMEN DE CONCIENCIA.

Humildad y flaquezas: 153, 158, 172, 180-182, 187, 189, 196, 215, 287, 312, 314, 398, 419, 599, 840, 897, 1054. V. CONTRICION, FLAQUEZAS, LUCHA AS-CETICA (humilde y confiada).

Humildad y olvido de sí: 97, 120, 152, 247, 310, 478, 591, 601, 683; ocultarse y desaparecer: 472, 592, 669, 670, 765, 1051. V. VIDA ORDINARIA.

Instrumentos en el apostolado. 147, 232, 330, 370, 371, 610, 666, 671, 821, 915. V. APOSTOLADO (instrumentos de Dios). INSTRUMENTOS DE DIOS.

Frutos: 139, 241, 392, 600, 608, 803, 935, 1020, 1021. V. EFICACIA.

IGLESIA
unidad: 175, 631, 632, 647, 879, 932; misión: 471, 638, 640; fidelidad y amor a la Iglesia: 138, 461, 581, 584-586, 630, 634, 1043; dificultades en la vida de la Iglesia: 258, 852, 1026; rezar por la Iglesia: 136, 583.

V. COMUNION DE LOS SANTOS, JERARQUIA ECLESIASTICA, MAGISTERIO DE LA IGLESIA, ROMANO PONTIFICE.

Pasión y Muerte: 14, 550, 799; contemplar la Pasión: 402, 442, 753, 758, 778, 781; Cristo en la Cruz: 4, 191, 275, 405, 785, 788, 799, 878; devoción a sus Llagas: 5, 755, 894, 934; Muerte y Sepultura: 676, 777. V. CRUZ, REDENCION.

Glorificación: 660.

Humanidad Santísima del Señor: 290, 301, 546, 547, 780; a Jesús por María: 243, 249, 568, 661; es nuestro Modelo: 46, 138, 139, 142, 523, 526, 558, 590, 612, 688, 732, 752, 888, 1020, 1021; trato confiado: 37, 302, 495, 764.

Corazón Sacratísimo de Jesús: 298, 867, 933, 936.

Realeza de Cristo: 639, 857, 1004. V. ACTIVIDADES TEMPORALES, MUNDO.

Identificación con Cristo: 10, 25, 74, 140, 155, 288, 418, 425, 437, 449, 468, 553, 770, 786, 818, 886, 1022, 1027. V. VIDA INTERIOR, VIDA SOBRENA-TURAL.

JUSTICIA
502. V. CARIDAD, DEBERES Y DERECHOS, FIDE-LIDAD, VERACIDAD.

LABORIOSIDAD
696, 698, 701, 705, 706.

V. APROVECHAMIENTO DEL TIEMPO, ORDEN, TRABAJO (perfección humana).

V. EXAMEN DE CONCIENCIA, SANTIDAD, TI-BIEZA.

Alegre y deportiva: 168, 169, 223, 251; comenzar y re-comenzar: 115, 163, 344, 378, 379, 384, 736.

V. ALEGRIA, OPTIMISMO.

Humilde y confiada: 194, 199, 278, 483, 588, 821, 994; la ayuda de la Virgen: 845, 864.

V. FLAQUEZAS.

HUMILDAD (y flaquezas).

Constante y fuerte: 100, 111, 295, 382, 429, 737; cansancio en la lucha: 244, 286, 447; perseverancia: 51, 82, 605.

V. FORTALEZA, PACIENCIA, PERSEVERANCIA.

En la vida ordinaria: 208, 735.

V. VIDA ORDINARIA.

MADUREZ HUMANA Y SOBRENATURAL
53, 307, 493, 642, 806, 850.

V. CARACTER, CRITERIO, VIRTUDES.

MAGISTERIO DE LA IGLESIA
133, 581, 585, 633.

V. DOCILIDAD, DOCTRINA (de fe), ROMANO PONTIFICE.

MORTIFICACION

Naturaleza y necesidad: 400, 401, 406, 519, 784, 1025; para alcanzar la santidad: 431; para combatir las tentaciones: 209; para el apostolado: 407; para guardar la pureza: 316; para hacer la vida agradable a los demás: 149.

Mortificación interior: de la imaginación: 1023; de la inteligencia: 347; de la lengua: 152.

Mortificación corporal: de los sentidos: 90, 165, 415; en las comidas: 783.

Mortificaciones habituales: 150, 154, 156, 289, 382, 403, 408-410, 518, 785.

V. APOSTOLADO (fundamento), COSAS PEQUEÑAS, CRUZ, MEDIOS (sobrenaturales), PENITENCIA.

MUERTE

990, 1001, 1039, 1040, 1042; sin miedo a la muerte: 987, 1034, 1038.

V. VIDA ETERNA.

MUNDO

amor al mundo: 569, 703, 710, 848; influir cristianamente: 15, 23, 102; santificación del mundo: 130, 678, 901, 916, 927, 943, 947, 983, 1018; crisis del mundo actual. 434, 530, 975.

V. ACTIVIDADES TEMPORALES, PECADO, SECULARIDAD, SOCIEDAD CIVIL.

VOCACION

1-57; llamada divina: 7, 10, 12, 17, 18, 39, 279, 280, 363, 902, 904; naturaleza y características: 362, 365, 855, 905, 927, 972; respuesta a la vocación: 6, 52, 58, 59, 88, 123; vocación y lucha ascética: 58, 182, 850; fidelidad a la vocación: 20, 22, 420, 472.

VOCACION CRISTIANA

llamada a la santidad: 13, 269, 331, 572, 702, 860; vivir como cristianos: 94, 95, 361, 396, 464, 572, 576, 622, 695, 860; vocación apostólica: 1, 24, 97, 360, 375, 451, 672, 673, 923, 946, 948, 968; amor a la Cruz: 762-764, 786, 882; el cristiano, otro Cristo: 342, 468, 665, 859; amor al mundo: 703; amor y fidelidad a la Iglesia: 584, 586, 640, 642; corredentores: 26, 669, 674; correspondencia: 65, 416, 528, 622, 675; deber de rezar: 366, 646; deberes sociales: 714, 715, 717; espíritu de servicio: 141, 612; sal y luz: 450, 942, 969; sembradores de paz: 649; testimonio cristiano: 463, 564; convivencia, caridad: 453, 565, 889, 953.

V. SANTIDAD.

VOLUNTAD DE DIOS

amor, identificación: 40, 42, 48, 122, 240, 292, 323, 390, 398, 422, 512, 529, 617, 769, 771, 775, 788, 803, 812-814, 822, 1006, 1034, 1039; lucha por cumplirla: 88, 238, 275, 288, 624, 823, 1010; ejemplo de la Virgen: 854.

V. RECTITUD DE INTENCION.

ÍNDICE DE TEXTOS
DE LA SAGRADA ESCRITURA

ANTIGUO TESTAMENTO

	Puntos		*Puntos*
1 PEDRO		1 JUAN	
I, 18-19	881	II, 6	1018
II, 9	882	IV, 18	260
V, 9	131	IV, 19	497

CON APROBACIÓN ECLESÍASTICA
DEL ARZOBISPADO DE MADRID,
OCTUBRE DE 1987.

ESTE LIBRO, PUBLICADO POR
EDICIONES RIALP, S. A.,
MANUEL URIBE 13-15, 28033 MADRID,
SE TERMINÓ DE IMPRIMIR
EN ARTES GRÁFICAS ANZOS, S. L.,
FUENLABRADA (MADRID),
EL DÍA 14 DE DICIEMBRE DE 2023.